本书属于中国建投研究丛书

东 单 耕 录
2014~2017年
资本市场见闻

DONGDAN RECORD:
INSIGHTS INTO THE CAPITAL MARKETS FROM 2014 TO 2017

高彦如　邹继征　祝妍雯／著

社会科学文献出版社
SOCIAL SCIENCES ACADEMIC PRESS (CHINA)

- 001　特斯拉为啥这样火
- 003　余额宝的"形"与"势"
- 005　生态圈与用户平台
- 007　"民主"?
- 009　跨界、混搭与组合创新
- 011　马云的金融狂想曲
- 013　舌尖上的救赎
- 015　战争外的博弈
- 018　名头的大小
- 020　众筹,金融互联网花开又一朵
- 023　期待颠覆
- 025　闲不住的手
- 027　欧洲央妈在闹啥
- 029　总理访英
- 031　在"大力神"边缘
- 033　机器人革命
- 036　人丁兴旺
- 038　阿里MAMA去哪儿了

040　PE 新玩法

043　制造业归来

045　又是一年 ChinaJoy 时

047　天上有朵健康的云

049　海外舞台　投资精彩

051　冰桶挑战的热闹与温暖

053　去万达，购不购？

055　BAT 的健康网事

058　众筹电影的黄金时代

061　当驴杠上了苹果

063　互联网企业，创业板喊你回家吃饭

066　法治的故与新

068　去哪儿不重要

070　穿越星际

073　互联网大会引发的阿里京东大 PK

076　再话新常态

078　薛定谔的猫

081　莫斯科还能相信石油吗

083　去到别人梦想都未曾抵达的地方

086　何以老去

089　如何让奶农不再倒奶

091　网络医院　种子发芽

093　香港怎么了

096　小题大做的足球

099　大国总理的"六度"

102　亚投行，切克闹

104　回　归

107　天时　地利　人和

110　上一堂"慕课"

113　财政君和货币君

116　这个PE有点大

119　方舟上的马桶盖

121　速度与激情

124　万万没想到，万万在一起了！

127　并购风口

130　人民币出海

133　泡沫游戏

136　致A股的一封信

139　蚂蚁汇大象　金融幻无形

142　希腊的"王炸"

145　人间蒸发

148　一拍即合

151　大圣归来

154　二师兄

157　大佬结婚

160　汇改的喷嚏

163　4.0时代，你准备好了吗？

166　阅兵中的制造业

169　制造为本

172　蓝天下的制造业

175　上门经济

178　不创新，就灭亡

181　翱翔的靴子

184　二胎，你生么？

- 187 养老出路
- 190 站在悬崖边的人
- 193 滚蛋吧！雾霾君
- 196 人民币放进"篮子"
- 199 悬崖自救法
- 202 "背叛"的阿根廷
- 205 压轴戏
- 208 时过境迁
- 211 未来世界的中国心
- 214 美刀下的人民币
- 217 红与灰
- 220 超速的树懒君
- 223 网红的价值
- 226 调控背后
- 229 猪在飞
- 232 "海淘"税拯救国货？
- 235 不忘初心　方得始终
- 238 家庭医生

241　魏则西之死

244　伞和门

247　欢乐投资颂

250　富人将老

253　健康财富

256　英国脱欧：自由和财富的纠结

259　穷人难养老

262　极致的垂直

265　压力"三"大

268　地产融资百科全书

271　体育的魅力与价值

274　特朗普来袭

277　监管盯上了大资管

280　里约，奥运

283　中国式流动性陷阱

286　女排的背后

289　网约导游

292　G20后的人民币

- 295 　地产进退
- 298 　出版界的新玩法
- 301 　指数的背后
- 304 　"共享经济"的困境
- 307 　泛海出海挖的什么宝
- 310 　雾里看花说投资
- 313 　全球第五大经济体
- 316 　文化消费
- 319 　国运来了
- 322 　门口的野蛮人
- 325 　货币泛滥与流动性拐点
- 328 　让改变发生
- 331 　激变 2016
- 334 　机器与人的世界
- 337 　特朗普上台
- 340 　It is not, but it can be
- 343 　后　记

特斯拉为啥这样火

"特斯拉"这牌子目前无论是在海外还是在国内,无论是在行外还是业内,都可谓新能源的典范——无须烧油就已经很"火"。

有人在评论特斯拉所谓的成功时,归结其原因是"外行"——艾伦·马斯克,美国特斯拉汽车公司董事长兼 CEO,这位出生在南非硅谷软件科班出身的汽车门外汉试图以自己的方式引领"新能源+移动互联技术"的新型汽车的未来。特斯拉将投资 50 亿美元建超级电池厂,同时马斯克表示还在考虑在车中安装一个 Android 模拟器,用户未来可能在汽车的一面窗户上就可以运行 Android 程序。

无独有偶,苹果公司最近在日内瓦国际车展上发布了其车载系统 CarPlay。该系统通过与 iPhone 手机有线连接,可为驾驶者提供语音、导航等多种功能,并支持运行部分第三方应用程序,有望成为未来车载系统的标配,首批搭载奔驰、沃尔沃和法拉利三家公司的新车。

试想一下,当诸如此类的交通工具穿行在大街小巷时,那还是我们所熟悉的汽车吗?

传统产业构筑起了过往的辉煌，影响和服务着今天的生活。但进入21世纪，新技术、新能源已经开始渗透于每个产业的毛细血管之中，代表未来的走向。如同蒸汽机提升社会效率、改造产业模式，以信息技术为代表的新技术革命带来的是一次颠覆变革，新技术、新能源、新材料与传统行业结合，会带来无限的商业想象。

在全国政协十二届二次会议记者会上，百度CEO李彦宏说，以移动互联网为代表的新技术是上天赐给我们中国的一个千载难逢的机遇，在新的信息技术上我们可以与世界站在同一起跑线上，同时用新技术重构传统产业。

虽然特斯拉在美2013年上半年销量超越宝马、奥迪、奔驰，目前股价站在250美元高位，市值311.62亿美元，但就一项产品而言，这些都很难注定什么，其未来发展以及市场表现仍有待检验。特斯拉当前之所以"火"，我想，或许并不是因为特斯拉自身的新奇，而是业界甚至全社会对于颠覆传统产业的一种"山雨欲来风满楼"的兴奋罢了。这兴奋交织着期盼与恐惧。特斯拉的"火"，只是这种感觉的一种"符号"。

2014年3月13日

余额宝的"形"与"势"

政策几时稳,把酒问青天。

不知虎妈央行,今夕是何念。

我欲造势兴起,又恐势大分羹,高处不胜寒。

监管定松紧,何似在从前。

余额宝一年爆发式的增长,让商业银行、银联都人心惶惶。它不仅在相当程度上"割据"了商业银行的存款,而且在很大程度上架空了原本在传统线下收单业务模式中分成的银联。

2014年以来,银行连出三招"围剿"余额宝,先是推出自己旗下基金公司的"宝"类产品,接着三大国有银行拒绝余额宝的协议存款,随后几大银行相继调低资金流向余额宝等产品的限额。不过,这些方法也只伤到余额宝的皮毛。迫于压力,一直对支付宝和余额宝有所关照的央行出了"狠招",于上周向多家机构下发了《支付机构网络支付业务管理办法(征求意见稿)》《手机支付业务发展指导意见(征求意见稿)》,可能对余额宝造成极大的影响。

发文中最关键的两条规定,一是个人支付账户转账单笔不超过1000

元，年累计不能超过1万元。个人单笔消费不得超过5000元，月累计不能超过1万元。二是支付机构应对转账转入资金进行单独管理，转入资金只能用于消费和转账转出，不得向银行账户回提。余额宝对广大人民群众最大的吸引力，在于让手中的闲散资金获得比银行活期利率高数倍的收益，可在支付宝中任意使用，能随时转回到银行卡，还能轻松进行个人对个人的转账。而央行的规定，恰恰限制打压了余额宝类产品的优势。若真正实施，那真如大家所说——"一夜回到解放前"。尽管如此，小高对阿里巴巴还是抱有信心，即使余额宝遭受打击，阿里巴巴也定会找到"芝麻开门"的钥匙，打开互联网金融的新天地。

春节以来，阿里巴巴一直是大众视野中的焦点，从新年"红包"到打车软件，从两会热议到政策监管，从联手百货到传言入股中石化，我们看到的不仅仅是阿里巴巴的风生水起，更是其代表的互联网思维的灵活运用及互联网战略实施的胆识和魄力。

特别是近期热议的阿里巴巴入股中石化，倘若传言属实，中石化庞大的线下销售网络与阿里巴巴庞大的线上销售网络结合，将会以几何级数方式提高市场覆盖率。

余额宝的"形"虽有可能受影响，但阿里巴巴的"势"不可挡。它用互联网金融思维的大势和强势席卷我们经济生活的方方面面，互联网金融参与传统金融本身就是一场意义深远的改革。

2014年3月20日

生态圈与用户平台

到底什么是互联网思维？不同的企业给出了不同的概念。

传统行业大佬以海尔为代表。2014年海尔集团年会上张瑞敏提出了著名的互联网三问：企业的互联网思维是什么？企业的互联网宗旨是什么？员工的互联网价值是什么？在自问自答之后，张瑞敏提出海尔对互联网思维的求索——打造并联平台的生态圈。

而作为互联网行业的代表，小米CEO雷军则告诉你，所谓的互联网思维，就是决胜移动终端，"专注、极致、口碑、快"。

2013年小米从低端智能手机的产品供应商成功转变为年轻人的数码生活伙伴——小米手机、小米盒子、小米路由器……围绕年轻人的生活方式，小米逐步展开产品的系列化，从单一产品供应商转变为综合解决方案供应商，小米的平台模式正式架构成形。

一个做圈子一个打造平台，其实都是从原来的串联管理模式向并联治理模式转变。但是在互联网下打造平台，小米和海尔是有差异的。

小米用手机来聚集用户，通过一系列的营销手段构建用户社区、呼应用户价值观、深化与用户的一体化关系，再围绕用户的生活方式成为综合供应商，是在构建"用户的平台"，企业与用户互动、用户与用户互动，最终企业与用户关系得以深化。

从营运模式上，海尔囿于传统制造业的基础，其生态圈的平台模式类似集贸市场——海尔建立规则、出让摊位，让自主经营体"摆摊"，让它们与用户双向选择。

然而，地理上的集贸市场，能靠位置的垄断优势维系用户，海尔的平台靠什么维系用户呢？如果没有统一的用户基础，自主经营体很容易分散化，将难以与组织起来的竞争对手抗衡。

德鲁克曾经说过，企业的宗旨不是赚钱，企业的目的只有一个正确而有效的定义或宗旨，那就是创造用户、创造顾客。创造用户与创造顾客的根本在于产品，决定产品竞争力的是用户的综合体验，不是单一的产品特色。产品本身不是目的，只是用户解决问题或满足需求的手段。用户需要的不是产品，而是解决方案。解决方案的综合体验决定了用户满意度。而且，性价比还要很高。小米没有核心技术能力，但创建了用户平台，掌控了用户，进而"挟用户以令诸侯"，成为价值链的组织者。从这个意义上讲，小米的用户平台更有力量，也更值得我们去认真思索。

2014年3月27日

"民主"?

时间去哪儿了,我们不知道;

马航去哪儿了,我们也不知道;

民主去哪儿了,至少我们知道,并不一定在少数人手里。

在大家的关注点聚焦于马航、乌克兰局势、习近平访欧等事件时,台湾发生了一件对于他们来讲可谓惊天动地的大事。

这件事就是台湾的反服贸协议运动。事件的起因经过不在此细表,大家可以百度之。服贸全称《海峡两岸服务贸易协议》,是两岸经济合作框架协议 ECFA 后续协商所签协议之一,其中明确了两岸服务市场开放清单,在早期收获基础上更大范围地降低市场准入门槛,为两岸服务业合作提供更多优惠和便利的市场开放措施。大陆对台开放共 80 条,台湾对大陆开放共 64 条,双方市场开放涉及商业、通信、建筑、分销、环境、健康和社会、旅游、娱乐文化和体育、运输、金融等领域。

昔日的"亚洲四小龙"中,中国台湾的经济形势已明显落后于韩国、新加坡以及中国香港。其引以为豪的电子业落后于韩国,制造业落后于新加坡，如果不拓展在大陆的贸易服务支撑点，将更难望其他"小龙"项背。大陆作为台湾地区的第一大贸易伙伴，多年来台湾地区对大陆始终保持巨额贸易顺差，两岸服贸协议中包含了大陆对台湾的许多超过WTO标准的市场开放领域，一旦落地将给台湾地区带来明显的开放红利。

那么台湾究竟在担心什么？台湾的大型企业有更多的机会到大陆挣钱，自然是非常乐意的，但台湾服务业大都是微型企业，这些中小企业想到将与坐拥雄厚资金的大陆企业竞争，担心将遭遇巨大冲击。这与大陆2001年加入WTO的情景有点相似，不过大陆的勇敢开放没有给中国经济带来灾难，反而极大地提升了竞争力，造就了中国经济十几年的飞速发展。

台湾这次所谓的"民主"运动，从互联网平台到台北街头再到蓝绿阵营，显示的是岛内政治社会分裂以及青年一代面对未来时对自身竞争力的惶恐。或者只是单纯的一场由互联网构建的"广场效应"，很多学生甚至不知道什么是服贸，只是当运动被冠以"民主""反黑箱"等名号时不理智地起哄参与。在他们看来，"民主"恐怕不是少数服从多数，不是按照规定实施，而是个别人为了自身利益挑起的"暴力冲突"。

2014年4月3日

跨界、混搭与组合创新

旅游与医疗、酒店与医院，这些原来似乎针对不同人群的产业，能配对"双打"吗？

用度假的心态去看病，在中国还是新鲜事。但很多国家，尤其是我们的亚洲近邻们，早已把这一新兴服务业看作经济发展的重要引擎。

韩国是全球医疗旅游业最发达的国家之一，尤其是整形美容产业已经成为文化名片。有人开玩笑说，走在首尔江南区的街头，每隔几分钟就能看到鼻子和眼睛周围还缠着绷带就出来购物的各国美女，其中不乏说中文的。随着不少中国人远赴韩国整容，在当地一些医院，甚至出现了中国人专用的楼层。

一流的医疗技术和殷勤的专业服务，给韩国带来了大量的入境旅客和产业收入。据韩国保健产业振兴院统计，2013年去韩国接受医疗手术的外国客户达20万人，总收入破10亿美元。由于牵手医疗产业，这些游客的"质量"非常高，旅游附加值成倍增长。

据了解，全球医疗旅游的游客数量已从2006年的2000万人次增长至 2012 年的 4000 万人次。在亚洲，包括印度、泰国等国在内，相关产业发展已位居世界前列，垄断了国际医疗旅游 70% 的市场份额。

医疗旅游业并不是两个产业的简单叠加，必须深度融合，实现组合创新。

所谓的创新，有一种新的解释是，创新其实就是信息截取和处理后的再次结合。信息是个流，截取一段信息，对它进行处理与加工，就能产生无限的创意。对此，《孙子兵法》早有论述："声不过五，五声之变，不可胜听也；色不过五，五色之变，不可胜观也；味不过五，五味之变，不可胜尝也。"

这里的"变"，就是组合创新。爱因斯坦曾这样强调："组合作用似乎是创造性思维的本质特征。"

桃园三结义的人才创新，是最早关于团队精神的启示；狮身人面像的体制创新，倡导的是人类精神与力量的综合平衡；电脑加鼠标，是全球技术创新的旗帜；SUV 成就本田新的崛起；三星大屏手机可以狠狠地咬一口苹果……

"思维，是大自然中最瑰丽的花朵。"要让这朵鲜花更艳丽和夺目，不仅要有创造的欲望和对财富的渴望，更要有实现理想的方法，要有创造财富的能力——"组合创新"。

2014 年 4 月 10 日

马云的金融狂想曲

马云旗下的浙江融信计划以33亿元收购恒生集团100%的股权。本次交易完成后，融信将通过恒生集团间接持有恒生电子20.62%的股权，成为第一大股东，马云将成为恒生电子的实际控制人。随即出现基金业人士大声疾呼"必须旗帜鲜明地反对阿里收购恒生！"

传统金融业为何会发出抵制该交易的声音？

或许是因为：马云——一个意欲以互联网金融改变中国金融版图的狂人，将通过控股恒生在阿里小微金融集团版图上拼装一块新图板。而这也将是马云金融狂想曲中的一个强有力的音符。

2013年11月，阿里云推出"金融云"服务，自称"通过该云计算服务，全国2000余家区域银行可以快速、低成本地实现网上交易支付等功能，打通了农村电子商务快速发展的瓶颈。同样，基金、保险及证券等金融行业亦可通过云计算，实现处理海量业务数据的能力，拓展上亿量级用户市场的电子商务渠道。"而恒生电子作为一家中国领先的金融软件和网络服务供应商，在多个金融细分行业的IT系统都占有相当高的市场份额，在基金、证券、保险、信托资管领域核心市场，以及证券账户系统、证券柜台系统、银行理财业务平台、信托核心业务平台、期货核心系统市场，基本都处于绝对优势地位。作为金融 IT 服务领域的先行者，恒生电子理所当然可以从产品研发和市场渠道等多方面助力阿里"金融云"，可以让阿里开发新互联网金融产品少走许多弯路，也能为阿里未来的民营银行提供事半功倍的 IT 系统。

马云的整体思量中或许还有一条，恒生电子此前已控股互联网金融公司数米基金。2006 年成立的数米基金是国内首批获证监会批准的独立基金销售机构，第三方基金销售排名居国内前列。马云拿下恒生，就拿下了数米。在"天弘基金＋余额宝"的组合已成为传统金融行业眼中钉之后，阿里利用恒生电子在金融领域的人脉和资源，借助数米基金的牌照，再导入阿里的流量，一种新的"宝"类产品已若隐若现。

总之，阿里大金融、大数据的整体布局思路已见雏形。收购恒生电子，阿里不仅能获取金融 IT 领域的经验与技术，更是在与商业银行信息技术部门的竞争中抢到了"新入口"，一揽子对接上了恒生电子深耕市场 20 年所服务的绝大多数基金、券商等金融机构客户，业务也从"互联网金融"产品创新跨越到"金融互联网"基础设施建设；在资本市场层面，为 A 股市场造就了一只名副其实的"阿里概念股"。或许，"BAT"（百度、阿里、腾讯）三强在金融互联网沙场上的新一轮烽烟，即起。

2014 年 4 月 17 日

舌尖上的救赎

《舌尖上的中国》（以下简称《舌尖》）第二季开播了。这部让人口水与泪水齐飞的纪录片在第一季播出的时候就掀起了一轮收视狂潮，可以称之为视觉上的味蕾狂欢。《舌尖》里的食物不只是一盘吃的，它重现的是一种记忆和感觉，还有我们所有与这些食物有关的岁月。《舌尖》不但让一大批吃货狂热追捧，火了那些传统的美食和与美食相关的普通人，也让中国的乡愁飘荡在世界各个角落。而与此同时，以《舌尖》的制作和播出平台——央视为代表的电视媒体，却正在经历有史以来最严峻的转型之痛。

尤记得20世纪80年代后期，彩电在中国凭票供应，一机难求。随着电视的普及，昔日媒体霸主报纸和广播受众迅速下滑，央视迅疾成为最炙手可热的媒体。"一只狗在央视露脸半个月，便会成为全国名狗"，这句调侃的话说明了央视曾经无与伦比的地位。一批知名主持人伴随着高烧的电视热成为妇孺皆知的明星。央视春晚更是全民追捧的文艺年夜饭，不仅成为内地艺人身价的风向标，更帮助很多港台二三流明星瞬间火遍全国。这是电视媒体人的黄金岁月。

在互联网大发展的初期，相对于传统纸媒，电视受到的冲击还十分有限——毕竟，网络视频的技术水平还不高。加上制作理念、管理体制、创新机制的滞后和受巨大影响力和经营辉煌业绩的迷惑，央视并没有对之后行业内外的大变局做好准备。当地方电视台上星、娱乐节目管制放松后，占尽天时地利的央视，在与地方卫视的PK中，开始逐步输掉节目，输掉人才。与此同时，一个发轫于互联网，崛起于移动互联的全媒体时代呼啸而至。越来越多的人汇入了自由表达、社会监督、主张权利的潮流，在抢夺职业媒体人的饭碗。在移动互联蓬勃发展的今天，收视率的下滑和潜在的收益危机日益显现。以自我为中心和缺乏市场意识的传统媒体成长面临难以逾越的天花板，它们迂回腾挪的空间日益逼仄。

任何媒体兴衰都在验证同样的规律：无论世界上任何地方，无论什么样的管理体制，媒体的最终命运都是由受众决定的。受众是大众传媒的传播对象，是信息接受者，是传播活动的轴心，是评价传播效果的关键主体，也是传媒争相角逐的对象。可以说，谁拥有了受众，谁就掌控了传媒市场。

《舌尖》俯身拥抱了以食为天的受众，捍卫着央视的体面。一部纪录片完成不了对一个行业的救赎，但是即使戴着镣铐起舞，也要努力实现舞姿优雅，也算是对自我最好的救赎吧。

2014年4月24日

战争外的博弈

近日,乌克兰政府军和亲俄派武装力量之间的冲突持续升级,多个城市发生骚乱,"全面内战"的可能性急剧增加。而这场"战争"背后的对峙,实则是美国与俄罗斯的博弈。

尽管双方不断进行各类军事演习以展示"军事威慑力",还不时把"核威慑"挂在嘴边,但两家核大国在"是否毁灭地球"的问题上还算保持了冷静与克制,更多地打起了经济制裁牌。

美国率先出牌,声称如果俄罗斯对乌克兰实施进一步"军事干预",将对俄的能源、金融等重要行业实施制裁。美国意欲通过制裁,达到掌控乌克兰局势的目的。尽管从中长期看,美国的页岩气革命可能会成为影响国际能源格局和遏制俄罗斯的利器,但短期内美国不可能仅仅利用"能源牌"就轻松摆平俄罗斯。

对俄制裁有可能会成为美国史上"性价比"最低的一次对外制裁。下面看看这些与此次制裁有关的关键词。

美国——俄、美两国经济关联度低,制裁对俄经济不会产生结构性冲击。

欧盟——石油和天然气一直是制约欧盟对俄罗斯"挥棒"的关键因素。欧盟国家所需天然气的30%来自俄罗斯，波罗的海三国天然气完全从俄进口。能源武器是俄罗斯对欧洲政策的王牌。

联合国——俄罗斯是常任理事国，它持有的否决权，可使美国试图通过联合国来制裁俄罗斯的构想只能是个"想法"。

中国——可能会是此次制裁的最大受益者。俄罗斯是世界能源输出大国，俄能源历来不愁买家，其最大的能源输入国就是邻居中国，中国"真心愿意"买下俄罗斯所有需要输出的能源。即使美国封锁世界主要海路通道，俄能源依然可以畅通无阻输入中国。中国是俄罗斯最大的贸易伙伴，两国在能源和轻工业领域保持着紧密联系，中俄贸易放弃美元的声音由来已久。普京早在2008年就指出，建立在美元基础上的世界经受着严重的问题和混乱，全球金融市场的境况依然很困难，在这种条件下中俄必将考虑完善双边贸易的支付体系，包括通过协调实现更加广泛地使用本国货币进行结算。

此外，美国本土天然气长期低价使其油气资源在国际市场上具有较强的竞争优势。如果美国实现天然气出口，将会挤占传统油气生产国的目标市场，加剧不同天然气气源之间的竞争。这对中国而言是利好消息，可增加进口来源，降低进口风险。同时，传统的阿拉伯产油国由于受到来自美国油气的竞争压力，也会积极寻找潜在买家，这对中国海外资源的获取也会增添相当的主动权。

综上，美国对俄罗斯的制裁很可能会让俄罗斯与中国走得更近，这是美国最为担心，也是对美国全球霸主地位威胁最大的情形。美国试图利用页岩气革命带来的机遇，实现梦寐以求的"能源独立"，但急转发酵的乌克兰动荡局势将美国的"梦想"推向以"能源牌"反制俄罗斯，这在客观上为中国营造出相当的"套利"空间。这轮博弈引发的或许不仅是区域局势动荡及对俄"制裁"，而且会在更大程度上影响地缘政治格局。

2014年5月8日

名头的大小

世界银行日前发布 2011 年"国际比较项目"报告,该报告按照购买力平价(PPP)推算出,今年中国的经济总量可能超越美国,成为全球第一。此言一出,国内舆论哗然,有媒体甚至用上了中国痛恨的"最大经济体"这样的标题。

中国之所以不愿意成为 NO.1,有人认为是计算方法的问题,专家们也承认虽然 PPP 消除了一些统计失真,误差仍然很大。还是以 PPP 计算,中国的人均 GDP 在世界上还排在第 99 位的后列,虽不能据此将 PPP 称为"胡说",但"中国第一"这一名头确实离我们自己的感受相差太远,与当今世界现实经济面貌也有很大距离。

中国的确在发电量、工业总产值、贸易总额等一系列重要数据上超过了美国,但地球人都知道中国经济的质量仍然远低于美国,中国的先进技术、品牌拥有量、大公司的核心竞争力等诸多方面都与美国有相当大的距离。

其实 2000 年以来,年均 10% 的增长率使得中国 GDP 增加了三倍。

这种奇迹般的复合增长意味着，照此下去，中国注定会超越增长放缓的美国。作为全球廉价商品供应国，中国去年已超越美国，成为全球头号货物贸易大国。即使在全球经济危机期间，中国经济也保持着六七年就翻一番的高增长速度；美国则处于衰退或小幅增长中。中国如果不是在2010年下半年开始紧缩货币，主动放慢发展速度的话，不仅仅是按购买力算法，即使按照真实汇率，中国也将大幅超越美国。

从常识上看，一个贸易量、钢铁产量、汽车产量、外汇储备、高等教育规模都是世界第一，而且人口四倍于美国的国家，成为世界最大经济体本身没有什么让人惊讶的。但从早期的"中国崩溃论"，到后来的"中国威胁论"，再到今天的"中国第一论"，国际舆论也越来越从唱衰中国，到要求中国承担更多国际义务和责任上来，而同时国际话语权并不掌握在我们的手里。

我们是"什么样"，大体上要看别人怎么说；我们"怎么做"，却基本上可以自己决定。对此，我们必须十分清楚。所以，我们用不着对外界的看法太较真儿。我们不能因为别人给的名头大小便妄自尊大或妄自菲薄。有种说法：这个世界上有"多个"中国，一个是真实的中国，一个是外界认识的中国，还有一个是我们自己感受的中国。这几个"中国"都在对我们发生作用。为了尽可能扩大这些认知的正效果，我们最需要的是有足够的清醒、定力、韧性和智慧。这些与名头大小基本上无关。

2014年5月15日

众筹，金融互联网花开又一朵

俏也不争春，只把春来报。待到山花烂漫时，她在丛中笑。

什么是众筹？我们可能对这个词语感到陌生，不过对它的线下版却一定非常熟悉，例如婚礼收份子钱、慈善募捐、乞丐乞讨……

而现在，众筹有了专门的定义，指通过互联网向大众筹集资金。我国的众筹大致可以分为两种模式：一类是非股权众筹，主要以产品预售为主；还有一类是股权众筹，类似互联网化的创业投资或私募股权。

国内的众筹网是从产品预售开始的，比如"点名时间"网站，上面一页页各种最新概念的数码产品让人目不暇接——智能感温调奶棒、智能钢琴、儿童智能体温计……如果你对其中任何一款感兴趣，马上可以投上一笔预付款。如果筹资项目在发起人预设的时间内达到或超过了目标金额，你就成为新产品的首批试用者，若干时间之后将收到产品，颇有一番支持小小发明家的感觉。如果没有达到目标金额，支持款项将全额退回给所有支持者。

当然，产品也不光是实物，还有人筹资旅游，有人筹资美容，有人筹资拍电影，甚至有人筹资买房子，只要群众感兴趣愿意付费，众筹仿佛成了美梦成真的好帮手。这其中，为企业筹资的，就变成了股权众筹。

目前国内的股权众筹大约有三种模式。一是凭证式众筹，如美薇传媒，消费者通过淘宝店拍下相应金额的会员卡，能拥有美薇传媒的原始股 100 股。不过，美薇传媒很快就被证监会约谈了。二是会籍式众筹，例如 3W 咖啡挑选股东是为了打造互联网创业和投资的圈子。三是天使式众筹，如"大家投"网站就提供了这样一个平台：当创业项目吸引到足够数量的小额投资人并凑满融资额度后，投资人就按照各自的出资比例成立有限合伙企业，再以该有限合伙企业法人的身份入股被投项目公司，持有项目公司所出让的股份。而"大家投"则收取一定的"中介费"。

在这个过程中，个人投资者类似于 VC/PE 机构，更加注重资本回报率和价值估值，众筹已经不再简单地是一种兴趣，而是类似于股票、基金类的投资衍生品。

这其中，股权众筹面临着三大政策风险点：一是不能网上直接买卖股权，二是不能出售标准化、份额化的股票，三是受《证券法》募资对象不超过 200 人的规定约束，"非法集资"的红线以及"资产证券化"的法律约束还是让很多人望而却步。

好消息是，众筹即将领到"正规军"的牌照，有"中国版 JOBS 法案"之称的《股权众筹管理办法》的制定时间表亦已初定，国务院要求证监会在 5 月底之前完成调研并出具征求意见初稿，6 月份正式公布《股权众筹管理办法》。筹备中的《对股权众筹平台指导意见》提出，公司股东不得超过 200 个，单个股东投资金额不得超过 2.5 万元，整体投资规模控制在 500 万元内。这仍然在《公司法》和《证券法》的"红线"之内，股权众筹公司切不可得意忘形。

可以想象，很快各类"合规"商业模式的众筹平台就会席卷而来，带着千奇百怪的创新思维让我们再一次体验金融互联网带来的惊喜和变革。众筹，说不定会是金融互联网花丛中开得格外艳丽的一朵。

2014 年 5 月 22 日

期待颠覆

也不过短短 20 年,"互联网"竟也有了"传统"这个前缀。

当传统互联网即将成为明日黄花的时候,虚拟现实、物联网、人工智能还是其他的什么将会颠覆前任而成为下一个平台?谁也不知道。目前的竞赛主题是"寻找"。人们在积极寻找下一个平台,大佬们也许会毫不犹豫地砸下重金来获得在下一轮竞争中的有利位置,即使只是一个可能的有利位置,因为被颠覆的结果就是一切归零。

虚拟现实技术不仅有潜力超越其目前只应用于游戏等娱乐功能的奇技淫巧的角色而成为下一代信息处理平台,一旦一切仍是未知数的一波浪潮到来,我们与信息技术设备之间的交互形式也会面临被颠覆的可能。正是这种交互形式的变革使得虚拟现实成为一个有趣的商业话题,因为这种变革必然会引起新一波颠覆者的崛起与另一批在位者的失势。

历史上这种例子其实离我们并不遥远,比如移动互联网信息技术的崛起。这波强势潮流让信息处理中心从 PC 端转向了智能移动终端。桌面信息处理到移动信息处理的转换并不只是尺寸以及位置上的变化,更导致了一轮新型交互界面的涌现，一种代替了对话框、"点"与"击"、鼠标与键盘的，以触摸操作、全屏显示及手势为主的交互界面。

这样的交接似乎"重置"了整个信息技术行业，新玩家涌入，为移动平台以及其所代表的新型交互方式量身打造新的操作系统、应用程序、设备终端及各种服务。同时，那些曾在 PC 时代取得成功的老玩家却死守着过去的辉煌不肯放手。

微软曾凭借 Pocket PC 早早进入移动市场，但最终因为层层错误——包括盖茨不仅发誓自己不用也禁止微软员工使用 iPhone 的决定在内，而将这个市场拱手送给了用 iPhone 重新定义了智能手机交互方式的苹果，而 Google 则利用安卓迅速建立起另一个强势移动生态系统，从而逃过一劫。

目前还很难说在那些尚处于发展早期阶段的技术中会有哪些将为我们颠覆出一个新时代，也不知道新的信息技术的未来方向在哪里。也许，一种带来新体验与新应用的全新交互方式是很难在亲眼所见之前单凭想象力勾勒出来的，但在接触之后你又会发现它是如此的真实与自然，以至于你又无法想象没有它的世界。

人类的未来会怎样？大幕已经徐徐拉开。可能不只有欢喜，还有惊奇，更有疑惑甚至风险。然而，如果颠覆带来的体验让我们的感受更加新奇愉悦，让这个世界的沟通更加便捷安全，没啥不好。

2014 年 5 月 29 日

闲不住的手

想当年，金九银十，气吞万里如虎。

凭谁问，房价降矣，尚能涨否？

5月末，杭州、东莞相继实施楼市"限降令"，当商品房实际成交价低于备案价超过15%时，将通过技术手段限制网签，需要重新备案。此外，已出台及传闻将出台救市措施的城市已达十余个，有些采取放开限购的措施，而有些不限购的城市则采用公积金政策救市。

在中央层面，央行和银监会5月上旬主持召开了住房金融服务专题座谈会，要求商业银行不许停止个人购房贷款，能够对个人住房按揭贷款合理定价，提高贷款发放和审批效率。另外，住建部部长姜伟新提出了"双向调控"的房地产调控概念，即对一线城市继续增加供应，抑制投机性需求，限购政策不退出；而对于库存量比较大的城市，要控制供地结构。

这一系列的举措源于今年不太好看的房地产宏观数据。1～4月份，商品房销售面积同比下降6.9%，降幅比1～3月份扩大3.1个百分点；房地产开发企业土地购置面积同比下降7.9%，降幅比1～3月份扩大

5.6个百分点；土地成交价款增长9.6%，增速回落1.8个百分点。房地产开发投资进入"滞涨"阶段。

在调结构过程中，固定资产投资下降是必然的，但房地产投资下降对宏观经济影响深远，有可能引发系统性风险问题。如果土地购置面积下降明显，土地财政将遭到打击，这不仅影响地方投资和民生支出，更会影响地方还债。2014年是地方债偿还高峰期，偿还比例高达22%，如果房价进一步下降，可能会暴露债务违约风险。因此，央行出面托房市，地方政府"限降"，不是单纯考虑购房者利益，更有几大目的：其一，房地产税费利归地方，尤其是土地出让金是地方重要财源，稳定房价可以保证税收；其二，稳定房价进而能够稳定地价，在保障土地财政的同时，可以避免地方债违约；其三，通过改变市场预期来促进开发投资，从而实现GDP增长目标；其四，控制房价下跌的空间，能够稳定部分前期购房者的情绪。

但是，限降政策能否真的稳住我国楼市还未可知。小高发现，近期北京的房价开始有所回落，房地产中介的卖房电话也格外凶猛，而众多处于观望状态的消费者选择持币等待房价进一步下跌。前几年楼市限购时，人们误以为市场房子短缺，所以拼命抢购，造成房价上涨，于是房价越限越涨。而现在"限降令"出台，人们会认为房价还有下降空间，可能将会出现房价越限降越降的局面。也许，地方政府应该管住自己"闲不住的手"，更多地让市场进行自主调节，不要将消费者原本有多有空的预期变得一致。

2014年6月5日

欧洲央妈在闹啥

芒种的头一天晚上，欧洲央妈迈出史无前例的一步——几乎释放了全部炮弹：存款负利率、结束SMP冲销、准备欧版QE、4000亿欧元长期LTRO操作……特别是将隔夜存款利率从0.0%削减10个基点至−0.1%，这令欧元区成为史上首个实施负利率的主要经济体。

一般来说，银行将钱放在央行，其中一部分是监管所要求的法定存款准备金，另一部分则是因为银行有钱没地方花，或者不愿意花，放在央行又安全又省心。但钱都躺在央行的账上不进入实体经济就无法刺激信贷需求。从2012年7月开始，欧洲央行把存款利率降到了零，如今更是进一步降为负值，这意味着央行要向在其账上的银行隔夜存款收取额外的利息。换句白话就是：既然不给利息都无法让你们花钱，那我就收费！你存100块我就收1毛，看你们放不放贷！

之所以下此重手，欧洲央妈的解释是，如果央行希望采取措施对抗高通胀，通常会加息，相反，如果央行希望对抗太低的通胀，就会降息。鉴于欧元区通胀预期将长期远低于2%的水平，欧洲央妈判定需要降息了。如此，除了可刺激海量的资金进入私营经济部门，还可以令欧元汇率走低，令货币贬值。

不过硬币都有两面。国际清算银行（BIS）行长 Jaime Caruana 就曾提到，整个金融市场的构架是基于正利率，这是常态，采取负利率的后果无从知晓。负利率迫使银行增加信贷供给，却未必能创造信贷需求。目前欧元区央行针对家庭的一年期平均贷款利率为 5.7%，对小企业的利率是 4.5%。如果欧洲的银行在零利率的时候都不愿意借款，利率变为 -0.1%，情况也未必有什么好转。与此同时，如果银行不愿转嫁成本，负利率将挤压欧洲银行业的利润，令银行业的复苏更加艰难；而如果转嫁了成本（上调利率）又将影响消费需求。另外的可能是，这一政策鼓励投资者转向投资外围国家，从而推高收益率差价，这就会吸引欧元区外的资本流入，可能会影响压低欧元的目标。

在中国央妈实施定向宽松，"漫灌"改"滴灌"的时候，欧洲央妈决意"喷灌"，其实都有当下国际局势中不断博弈的影子。地缘政治的风险与机会如何，恕鄙人不才，只能套用网络聊天最不招待见的回复——"呵呵"。

2014 年 6 月 12 日

总理访英

本周一，应英国首相卡梅伦邀请，国务院总理李克强偕夫人抵达伦敦，开始对英国进行正式访问。去年卡梅伦访华时，极尽友好之能事，甚至还表态"做中国在西方的最强支持者"。当时，就有不少西方的媒体认为卡梅伦丢了英国这个西方老牌资本主义国家的脸，甚至"出卖了灵魂"。但是，面对迅速崛起的中国经济与中国市场，卡梅伦还是坚决地选择了帮助英国赢得全球经济竞赛。

这次李克强访英，卡梅伦还特意安排他与伊丽莎白女王会晤。此前德国总理默克尔在今年访问英国时曾获此殊荣，李克强得到同样礼遇，说明在卡梅伦眼中，英中的贸易伙伴关系与英德在欧洲的政治同盟分量相当。与此同时，作为增加英国出口和吸引外来投资的关键，英国各界纷纷表示出对中国投资的欢迎。

目前，英国已成为中国在欧盟的第三大贸易伙伴、第二大实际投资来源地和中国海外投资主要目的国。特别是在中国对外贸易整体低迷之时，中英贸易逆市上扬。根据中国海关总署数据，2014年1～5月，中英双边贸易总额同比增长约22%,增速居同期中国与欧盟主要国家贸易总额之首。此次出访期间,经贸合作仍是压轴戏,总理携带了庞大的企业代表团,中英之间将签署40多项商业协议,涉及能源、投资、高科技、金融等多个领域,总金额超300亿美元,为历年之最。

而其中,分外引人注意的是金融领域的经贸合作。目前,银行业方面,我国几大中资银行都在伦敦设立了分支机构,很多英国金融机构也开始在中国投资,这次民生银行等也将在伦敦成立分支机构。金融市场方面,伦敦作为全球最重要的国际金融中心之一,是我国企业融资的重要市场,我国已有企业在伦敦发行债券、上市融资。人民币业务方面,伦敦的离岸人民币市场正在加速发展,2013年伦敦的人民币交易量增加了50%,成为全球仅次于香港的人民币离岸市场,中国内地和香港之外的人民币支付有2/3发生在伦敦。今年3月份,两国央行又正式签署了人民币清算和结算协议。由此伦敦将进一步成为领先的人民币离岸交易中心,这将有利于人民币国际化进程的推进,有利于进一步巩固伦敦作为全球外汇交易中心的地位。对中国企业而言,这将降低投资者用人民币做海外支付时面临的风险,人民币的交易也将更有效、更灵活,因此可吸引中国企业增加对欧洲的投资。

中国作为不断崛起的大国,正在用实力改变与欧洲老牌资本主义国家之间的关系,令人骄傲。希望国足也能像人民币一样,冲出亚洲,走向世界。

2014年6月19日

在"大力神"边缘

实在没精力熬灯费油地观看地球另一端的巴西足球世界杯直播,好在科技发达,第二天回看,以消化"剧透",算是在大力神边缘游走的"伪迷"一族。

在边缘游走也有离主流更近一些的,比如4年前南非世界杯上名震四方的预测帝章鱼保罗。可惜,保罗大师早已经永远离开我们了,不过没关系,这次有物理学家霍金和世界著名投资银行高盛公司的分析师们充当了巴西世界杯的八爪鱼。

外星潜伏者一样的霍老师说:"自从有人类文明以来,人们总是倾向于相信,偶然之中总有必然。他们认为,世界的运转,有内部的必然规律,而世界杯也不例外。但事实上,相对于量子力学来说,足球要复杂多了。"他整出一组天书般高大上的"世界杯夺冠公式",相信全世界没几个人可以看懂,专家把霍老师的外星语言翻译成地球人知道的意思就是,大力神杯应该被巴西队举起,但是如果英格兰努力或得到神助,这个公式也可能不对。

相比于霍老师的云里雾里，美国高盛公司的分析师们直截了当地给出了一份使用数学方法做出的预测报告。在报告的预测结果中，英格兰队的命运可以用比较悲催来形容。夺冠概率最高的是巴西队、阿根廷队和德国队。在分析师眼中，无论足球比赛、股票市场，还是世界万物，最后不过都是数字的游戏。类似于霍老师五花八门的取胜因素分析，高盛投行的分析师也搜集来多项数据进行模拟，在模拟结果中，巴西队几乎无人能敌，每场都能灌进三四个球，虽然巴西只有第一场进球数离奇地准，但英格兰确实已经打道回府。

预测谁会举起大力神杯对于国人来讲似乎有种旁观者的惬意，也会有游走于边缘的无奈和失落。我们或可稍稍自诩本届世界杯"中国制造"阵容豪华，小到足球、围巾、吉祥物，大到比赛场馆的能源设备、球场电子大屏幕，一些城市的轻轨和大巴……但我们依然无法避开"有13亿人口的中国怎么可能就挑不出11个足球踢得好的人征战世界杯"这样的尴尬。据说高盛的研究人员也对中国国足做了一番分析，他们给出的预测比较悲观：中国队在未来20年内进入世界杯决赛圈的可能性都不大。

其实，在世界这个大的竞技场上，很多事情没有人多势众这个逻辑，也不存在必然的"因为所以"，进入主流或游走于边缘往往不取决于体量的大小，如同大力神杯不是被力气最大者举起一样。即便偌大的我们至今也只能在边缘得到一丝慰藉，我们在大力神边缘快乐而又不甘地游走着。

2014年6月26日

机器人革命

7年前，比尔·盖茨在《科学美国人》杂志撰文，预言在不久的未来，机器人将走进千家万户，从而重复20世纪70年代以来个人电脑崛起的道路，并再一次彻底改变人类的生活方式。

7年之后的今天，人们已经清楚地看到，"机器人革命"的浪潮正在席卷诸多领域。6月5日移动运营商软银宣布推出类人机器人，能看护婴幼儿、老人和病患，甚至在聚会时给人做伴。

革命已经开始，触及从体力劳动到脑力劳动的所有岗位。对已经实现自动化的工业部门，机器会进一步巩固它们的地位。同时，机器人还将继续进军白领工作领域。很多机器人已经有了人工智能，只不过我们没有意识到。比如美国叙述科学公司的一款软件可以根据比赛情况撰写体育赛事新闻，或者根据网络上的文字通报汇总公司股票每天的表现。即便在那些不能简单用文字概括的医学领域，比如外科手术，机器人的身影也越来越多。任何有关海量信息处理的刻板工作都可以自动化，致远可达星辰，探微可至细胞。

"机器人革命"是制造业转型升级的新方向。作为"制造业皇冠顶端的明珠",机器人的研发水平、制造水平、应用水平是衡量高端制造业发达程度的重要标志。尤其是近些年,随着新一代信息技术同机器人技术融合步伐的加快,人工智能迅猛发展,高端制造的智能化特征越来越明显,工业机器人开始大批量走进生产线,有的智能机器人甚至已具备了相当程度的自主思维能力,一场"机器人革命"加快孕育、发展,有望成为新一轮工业革命的重要切入点和增长点,影响全球制造业格局。

国际机器人联合会(IFR)今年6月1日发布的数据显示,中国在2013年购买了3.656万台工业机器人,购买量相当于全球总规模的1/5,首次超过日本,居全球首位。数据还显示,2008～2013年,中国购买机器人数量年均增长36%,是增长最快的机器人市场。

城市化带来的劳动力短缺和劳动成本上升及其他各种因素,使中国的"人口红利"正在逐步消失。我们已经意识到了"机器换人"的紧迫性。想想看,机器人不会嫌工作条件艰苦单调,不会嫌待遇不好,不会跳楼,不会罢工,不会要求涨工资,有了这些任劳任怨的机器人,制造商就不用因劳动力来源和成本搬迁。郭台铭早在2011年就声称要给富士康配备一百万台机器人。机器人的强势崛起似乎给被急速攀升的人工成本逼得走投无路的中国制造业指了一条生路。

也许我们很难想象,到了本世纪末,今天70%的工作可能会被自动化技术取代，那么人类做什么？专家回答说：人类的任务就是不断给机器人分派工作——这是一项永无止境的工作。所以最起码，我们总有一项工作可做。不许笑……

2014 年 7 月 3 日

人丁兴旺

今年公司中的一大现象就是"人丁兴旺"。其实不光是公司内,花园中、公园里、马路上到处都是孕妇,甚至同一趟公交车上都能有三四个孕妇。作为其中的一员,小高开始以为这是心理学上的"孕妇效应",但随着准妈妈数量的直线上升,小高发现,这样"小马奔腾"的热闹场面,或许应归因于"婴儿回声潮"撞上了"单独二胎"政策,不可避免地迸发出了生命的火花。

1985~1990年,我国迎来了第三次婴儿潮。到现在,正好是这波婴儿开始婚育形成的一轮小回声潮。不要小瞧这波婴儿,2000年,这波人成长为10~15岁,正值青春期的他们对个人电脑和互联网等相关电子产业开始产生强烈的兴趣和需求,是后续几年间我国电子产业蓬勃发展的重要动力之一;2010年,这波人迈入年富力强阶段,开始对住房、汽车、奢侈品和金融市场等释放出强有力的需求;现在,他们到了生育年龄,可以肯定的是,伴随着我国经济飞速发展而成长起来的他们,对于下一代的消费绝不会吝啬。

正巧，十八届三中全会我国单独二胎生育政策放开，尤其是在北上广深这样的大型城市中，选择生二胎的多为经济实力较强的中产阶级家庭，这群人的消费实力和对下一代的消费观念蕴含着巨大的经济潜能。

当这两拨人撞在一起，很多市场都迎来了新的发展变化。在消费品方面，孕妇服装及用品、婴幼儿奶粉（尤其是进口高端奶粉）及辅助食品等迎来发展机遇。在医疗健康方面，私立妇产医院、月子中心、产后恢复机构等高端消费妇产项目将越来越受青睐，市场前景乐观。在教育培训领域，从婴幼儿的游泳班、智力开发班、私立幼儿园，到之后的辅导班、各式各样的兴趣班等颇具潜力，在"不要让孩子输在起跑线上"的魔咒下，婴幼儿教育日益昂贵，而每个家长都心甘情愿地承受大额的教育支出。在汽车消费方面，随着家庭人口的增多，大空间汽车未来市场前景可期。在住房消费方面，这两拨人带来的可能是更长期的市场变化。有研究称，北京首套房贷者的平均年龄只有27岁，目前正好是上一波婴儿潮到了开始婚育需要住房的时候。未来的十年中，越来越多的家庭需要更大的房子，对改善型住房的需求将增加，而二十多年后，又或将进入为两个孩子提供房产的新一轮购房计划中……

人口的波动对市场的结构产生实实在在的影响。从现在开始的这一波婴儿潮没有那么汹涌，不会突变式地改变消费市场，但给消费结构带来的这些细微变化，已经蕴藏了巨大的商机。

2014年7月10日

阿里 MAMA 去哪儿了

时下，阿里巴巴上市是资本市场炙手可热的事件。据报道，阿里巴巴集团最快或于今夏在纽约上市，据称上市代码为"BABA"，于是好事者开始关心"MAMA"去哪儿了。

7月10日，阿里巴巴宣布：推出"医疗码"，启动"药品安全计划"。只要扫描任意一盒药品包装上的条形码和药品监管码，就能获得该药品的真伪提示、用法、禁忌、生产批次及流通过程等信息。

作为阿里巴巴的 BABA 和 MAMA，马云表示，阿里医疗码上线，是阿里巴巴在健康产业的第一次尝试和布局，药品监管码是我国每一盒药品的"身份证"，实现一码贯穿，便可以形成一个消费者用药的"保护网"，借助手机等移动终端，"码"将被赋予新的价值——由识别信息走向提供服务。

而一个月前，阿里相继发布了"商品码""服务码""码上店""互动码""媒体码"，"医疗码"是阿里"码上淘"推出的第六个应用。对此网友表示喜闻乐见：终于找到了阿里 MAMA。

我们知道，互联网带给人类的所有变化，全都是由其对过去各种各样的社会要素、商业要素、资源和价值连接的改变所造成的。互联网带给人们的价值、压力抑或困扰，其实都是缘于连接所造成的新的社会资源的分配、新的社会活动规则的建立、新的生存态势的形成。而移动互联实际上就是使这种连接变得随时随地，并嵌入我们的生活，实现人和人之间、碎片与碎片之间、元素与元素之间的一种更便捷的对接。

事实上当互联网开始自由移动之后，这样一种连接所带来的并不仅仅是媒介传播的改变，更为关键的是社会资源的配置和各种各样元素的互联互通，呈现一种全新的、前所未有的态势。我们每个人作为一个社会成员，过去所进行的社会配置、社会协调、社会匹配、社会协同只能在现实生活的有限生活半径和数量当中来实现，但是今天移动互联网所带来的这样一种巨大并自由的连接，使我们整合的范围、数量有了前所未有的、巨大的突破。任何一个人所具有的资源，包括时间、知识、行动能力、关系等这些过去无法被社会整合、无法被社会激活的资源，在今天移动互联网的构造下，都有可能被激活，有可能被检索，有可能被匹配，有可能被整合……阿里 MAMA 就在这里。比如"码"，它将不再只单一承载名片的功能，还将连接更多的内容和服务，最终实现人与其他相关元素的互联互通，让信息和服务跟着人走。

说到这，冒出一个问题：食品码和空气码去哪儿了？

2014 年 7 月 17 日

PE 新玩法

之前一年多的 IPO 停摆，不仅让众多拟上市公司难以如愿募集到资金，也让众多指望通过上市大赚一笔的 VC/PE 机构深陷泥潭。原本就是投资风险极高的行业，再加上极大的政策风险，一度逼垮了好多投机型小 PE 公司。

穷则思变，身处退出困境中一些 PE 机构发展出一种新的"过冬"模式——"PE+上市公司"，即为上市公司打造私人订制服务。自 2011 年 9 月天堂硅谷投资公司首次使用这一方式起，这种方式就以其快捷、高效的退出成果成为 PE 界最新潮流行的玩法之一。而且，不到三年的时间里，已经发展出"PE+上市公司"1.0 版和 2.0 版两种玩法。

所谓 1.0 版，大玩家是上市公司。具体操作方法是，PE 联合上市公司成立并购基金，进行控股型并购，待业务成熟后，将该资产出售给上市公司。上市公司初期只需部分出资，剩余资金由外部募集，具有杠杆收购的特质，中期可根据项目进度逐期支付，而最后具有项目选择权，可获得经过孵化后价值提升的标的企业。这种玩法不仅可以使上市公司加快产业整合、结构升级的步伐，有利于消减并购项目中的决策风险、财务风险、法律风险等，而且往往还伴随着股价的话题性飙涨，可谓赢得钵满盆盈。

聪明的 PE 公司又想出了在这一游戏中获得更多利益的方法，将玩法升级到 2.0 版。在 2.0 版本中，PE 投资公司拥有更多的主动权。PE 通过直接举牌（在二级市场上收购超过总股本 5% 的流通股份，触发公告）、大宗交易、参与定增等方式成为上市公司的战略投资者，再以此为基础推动上市公司并购重组，实现上市公司外延式增长，之后在上市公司获得高额资本市场评价后迅速退出实现收益。在这个过程中，PE 公司既能从中获得并购业务的财务顾问费，又能获得所孵化的并购标的的退出收益。最可观的是，在并购整合之后，所持有的上市公司股份往往将带来较高的股权增值，在不触发限售问题时，PE 可以随时退出、获利了结。一般的并购退出，可能有 1～3 年的限售期，很多投资机构只能望着早期飙涨后期回落的股价而叹息。而通过受让股东持股或二级市场增持获得股权，若未触发举牌，则可随时退出，若触发举牌，则只需锁定 6 个月。PE 可以选择股价最好的时点套现退出，大大提升了退出的效率和收益。

当然，这种玩法也有风险，一是可能存在概念炒作的嫌疑，可能最后是由二级市场的股票投资者来兜底埋单；二是 PE 掌握大量内幕消息，可能隐藏着法律与道德风险。可以预见，未来该模式将会引起证监会的重视，证监会将对其进行一定的规范。

不过，这种创新的玩法确实为 PE 行业开辟出一片新的天地。以往 PE 公司大多以项目为导向，抢到好的项目成为众多 PE 公司追逐的重点。而由于服务差异化小，竞争往往聚焦在成本与关系网络方面，导致项目成本越来越高。而现在，部分 PE 公司开始把目光转向为"客户"提供订制服务，与上市公司合作就是其中的一种。它们通常选择行业集中度较低的上市公司，帮助其通过高效的并购成为行业寡头。而并购标的通常是 PE 公司已经孵化过一段时间、寻求退出的项目，这为自己的项目锁定了退出渠道及退出收益。而且，对于并购基金的出资人而言，资金运作更加高效。在这种客户导向下，PE 公司在项目选择上更有针对性，且更加注重对产业链的深耕细作，提升专业能力。未来的 PE 行业将真正走向成熟，以专业化的服务、多元化的投资技巧推动产业发展，实现共赢。

2014 年 7 月 24 日

制造业归来

电影《归来》引发的唏嘘与感动的余波渐渐平复,然而全球经济在突破智慧和机器界限的工业信息化革命引领下,正在拉开制造业"归来"的大戏。

在今年 5 月 23 日的一场竞购战中,通用电气战胜了德国劲敌西门子公司,赢得了法国阿尔斯通的能源业务。这笔交易正是执行通用投资人的最新决定——将重心由金融业转向制造业。在通用掌门人杰夫·伊梅尔特的管理下,通用逐步减小金融业务比重,甚至卖出了与制造业关联性不强的庞大媒体帝国——《NBC 环球》。这一系列举动的目的只有一个:回归制造业——这个现代经济和利润的根基。

通用只是美国回归制造业的一个缩影。美国早已实现了工业化,目前服务业是 GDP 的主要贡献者,服务贸易在出口中的占比不断上升,但经济学常识提醒我们,繁荣的制造业才是实现这一切的关键,任何经济体的发展都无一例外。在 2010 年之前的十年中,美国制造业岗位不断减少,但现在已经扭转了颓势。从 2010 年至 2013 年 1 月,美国新增了超过 50 万个制造业岗位。这种现象不仅意味着制造业的周期性回暖，更意味着此前转移到海外的制造业开始向美国回流，并有望实现复兴。

对于我国而言，机遇依然存在。波特的国家竞争优势理论认为，一个国家能否在某一特定产业上获得成功，是由要素禀赋、企业战略、结构以及竞争对手、需求条件、相关及支持产业以及机会和政策是否有利于该产业等条件决定的。而在后危机时代，这些条件在我国依然存在并且得到大大改善。

德勤全球制造业小组与美国竞争力委员会联合发布的《全球制造业竞争力指数》研究报告显示，在成本相对较低和高技术人才充裕的支持下，中国的制造业在未来相当长时间内为全球竞争力最强劲的，突出表现在国外外包生产、外国直接投资等方面，其优势在于创新型人才、劳动力与原材料成本、能源成本与政策等方面。德勤还特别指出，一个国家的知识资本、创新能力和经济繁荣是促进制造行业稳健发达的重要因素。

伊梅尔特说，工业互联网将实体工业与虚拟网络结合，在未来将以革命性的方式极大促进生产力的提高。而中国在这一领域拥有巨大的发展优势。有人认为伊丽莎白女王号航母组装时那个龙门吊可以作证（英国建造伊丽莎白女王号航母所使用的桥吊，赫然印着"上海振华"的汉字字样，引起世界震惊），但愿如此吧。

2014 年 7 月 31 日

又是一年 ChinaJoy 时

一年一度 ChinaJoy，给盛夏的上海又带去一股热浪。

作为继美国 E3 展、日本东京电玩展之后的又一互动娱乐大展，ChinaJoy 是当之无愧的游戏产业风向标。本届展览会以"塑造世界游戏新格局"为主题，而这个"新格局"非移动手机游戏莫属。

2014 年上半年，中国手游用户数量约 3.3 亿人，同比增长 89.5%，销售收入 125.2 亿元，同比增长 394.9%，整体市场占有率达到 25.2%，未来发展潜力无限。按照这种势头，明年中国就有望超过美国，成为全球最大的手游市场。手游领域大热，除了缘于游戏本身的质量外，由于手机天然附加的社交属性及移动网络的飞速发展，手游的分发渠道也起到了异常重要的作用。微信就是其中的代表，从"天天爱消除"到"围住神经猫"，微信朋友圈常常爆发一阵某个游戏的"刷屏"风。当小游戏被赋予社交属性后，爱显摆的时尚潮人们往往不自觉地陷入疯狂的重复游戏中，不断追求更有竞争力的成绩。好的渠道加好的收费模式，让成本相对较低的手机游戏商赚得钵满盆盈。

不过，为什么国内好多红极一时的游戏仅仅是昙花一现呢？除了新进入者的替代性，还有一个不可忽视的问题就是知识产权问题（以下简称 IP）。过去我国游戏业的市场环境导致侵权成本较低，而现在若想让游戏市场占有率增大，想让游戏不因侵权问题而被迫下架或者遭受诉讼，甚至游戏企业未来想要上市或者被收购，都必须重视版权问题。

现在，手游开始纷纷给自己贴上正版授权标签，不仅是对自身利益的保护，更成为一种强效进攻性武器。IP 已不仅仅是游戏本身的版权，还包括文学作品、动漫作品、影视娱乐节目等。游戏商们开始将这些与游戏结合起来，形成"泛娱乐"产业链。例如，哈利·波特系列的小说、电影引发一波波热潮，而其同名的游戏系列的创收也相应达到了 10 亿美元。可见，IP 不仅能限制同类型对手，也能在短期内高效聚拢原作粉丝，从而获得首批忠实用户，让游戏未出先火。

2014 年被称为中国游戏的 IP 元年。自改革开放以来就未曾消失过的盗版问题，在游戏领域，似乎就要被市场悄然解决。无论是引入优秀的国外 IP 资源，还是打造自有的 IP 体系，游戏商们对 IP 的重视已成为必然趋势。知识产权，不仅可以使商家实现利益链条的最大化，更让中国的企业在全球标准的环境中更具竞争力，甩掉长久的"盗版"阴影，真正走向"中国创造"。

2014 年 8 月 7 日

天上有朵健康的云

在云计算的帮助下，移动医疗正在形成一条新的产业链。

最近，北京市政府牵头，正在让百度搭一个名为"北京健康云"的平台，整合上游的智能医疗设备商和下游的远程医疗服务商，组成一个联系全民的远程医疗数据通道。北京市政府希望借助移动互联网实现老百姓"大病化小""小病化了""治未病"的目的。

健康云服务为三层架构：底层是"感知设备层"，用户可以实时监测自己的健康数据；这些健康数据上传到云后，作为中间环节的"健康云平台层"将对所有数据进行存储、分析和计算；而再上面的"健康服务层"，则在大数据分析的基础上，为用户提供专业健康服务，例如减肥瘦身辅导、健康管理咨询、远程心电监测等。

一旦这个健康云平台建成，好处显而易见。首先，可以获取所有接入用户的健康数据，如果这些数据能够和医疗体系里的个人档案进行结合，当你去医院看病的时候，医生可以很轻松地知道你的健康状况和既往病史。其次，可以实现多样化的个性需求，根据每个人的不同健康需求，对应到不同的感知设备，得到数据并上传。再次，则可以针对不同类型的用户需求和获取的健康数据，提供个性化的服务模型，治疗和解决相应的疾病和身体问题。

对于地域辽阔、人口众多、社会文化经济存在多层次差异的中国，医疗健康资源供给严重不足、结构和地域分布失衡，加之改革开放以来人口流动频繁，依赖物理布局和人海战术提供充足医疗健康服务的方法已经穷途末路，用信息化技术来解决成为最佳选择。类似健康云之类的移动健康服务可以利用移动传感、语音识别、无线传输、大数据和云计算等先进技术来提高健康管理效率、均化健康管理资源，解决一些包括卫生医疗在内的健康领域问题，从而产生巨大的经济效益和社会效益。

目前，国内医疗健康类 APP 已多达 2000 多款，但移动健康还处于起步阶段，面临很多问题，比如数据标准和移动终端标准的统一，相关领域法律法规的建立与完善以及盈利模式等，想要实现移动健康行业统一的互联互通，让医疗健康统一移动起来，还需要很多努力。前不久谷歌也启动了一个名为 Baseline Study 的全新科研项目，希望全面描绘健康人的身体究竟是何模样，为人类健康管理提供基础数据服务。

健康云，看上去很美。

2014 年 8 月 14 日

海外舞台　投资精彩

商务部本周一发布商务数据，中国对外直接投资在前 7 个月创下新高，达 526 亿美元，同比增长 4%。特别是 7 月当月，实现非金融类对外直接投资 92.1 亿美元，同比增长 84.9%。

中国公司开始在国际舞台上变得越来越主动。回顾中国企业走出去的历史，究竟是什么在驱动中国企业海外投资呢？

第一类是资源驱动。长期以来，为了获取能源和矿产、谋求资源供给稳定的投资，占据了中国企业海外投资的最大份额。中国企业迄今最大的海外收购就是中海油 2013 年以 151 亿美元收购加拿大油气公司尼克森。但是，这类海外投资不仅面临境外苛刻的监管审批，还受到国际能源价格波动、工会、环境问题等因素影响，甚至可能出现亏损。不过，资源驱动类并购意义重大，对保障我国能源供给充足稳定、维护我国宏观经济稳定起到了战略性作用。因此，即使困难重重，也无法阻挡国有能源及资源性企业海外并购的脚步，无法磨灭一些民营企业的雄心壮志。

第二类是市场驱动。国内市场的饱和，让中国企业迈出了走向世界的步伐。海外投资中很大一部分是为了获得海外品牌和销售渠道，拓展国际市场。在这一类投资中，近年来又出现了以国家电网为代表的"软实力输出"，看中的是海外的市场，输出的却不是已有的产品，而是管理、技术和企业文化等软实力。国家电网的历次收购以特许经营权收购为主，借助运营、管理和技术输出改善标的公司的经营状况和盈利能力。目前，国家电网海外资产超过 1300 亿元，利润更是翻了两番。软实力的输出，让中国企业不仅走向世界，而且能屹立于世界，甚至影响着世界。

第三类是品牌与技术驱动。海外投资的另一目的是将海外品牌或技术"带回来"开发中国市场。例如北京首创对 Transpacific New Zealand 的收购，在很大程度上就是为了获取对方的固废处理技术。又如复星集团对法国旅游度假公司地中海俱乐部的联合收购，则是将国外品牌带回来，将中国消费者领出去。中国公司迄今在美国最大的收购——双汇 2013 年对美国猪肉制品公司史密斯菲尔德的收购是为了获得对方的食品安全和质量管理技术，也是为了把对方产品引入中国。进行这类海外投资的企业，不仅看到了产业价值链高端拓展的机遇，更看到了中国飞速增长的市场潜力。

在全球化的浪潮中，我们时常叩问自己："我在哪里？"作为中国的企业家或者投资者，我们要做的或许就是将中国的烙印打入世界，也将世界的缤纷融入中国。在全球的舞台上，中国投资别样精彩。

2014 年 8 月 21 日

冰桶挑战的热闹与温暖

旨在帮助"渐冻人"罕见疾病募款的"ALS冰桶挑战赛"在互联网上所向披靡。被邀请者要么在24小时内接受挑战,被冰水浇遍全身;要么就选择为对抗"肌萎缩侧索硬化症"捐出100美元。

过去的一个月,微软创始人比尔·盖茨、苹果CEO库克等IT界大佬不惜湿身出镜,加入"冰桶挑战"之中。如今,"冰桶挑战"终于"浇"到了中国。众多国内知名IT大佬纷纷加入"冰桶挑战"行列。借着活动的"病毒式传播",越来越多的各色大佬明星也加入其中,声势日益壮大,影响力正在实现倍增。

就传播效果和筹款额度而言,"冰桶挑战"的慈善创意,无疑获得了巨大成功:原本不为人知的肌萎缩侧索硬化症,一度成为热词;相关的公益组织,也收到了远多于预期的捐款……人们突然发现,慈善也变得很酷、很活泼、很流行。

有别于传统慈善行为的僵化印象,也超越一般"网络慈善","冰桶挑战"是一种互惠式的募捐方式——作为回报,众多名人接受冰桶挑战，以塑造"富于爱心、拥抱新事物、有游戏精神、乐于自嘲和自我颠覆、走在潮流前列"等一系列正面形象。

时至今日，慈善筹款早已过了纯粹道德感召的阶段，而有赖于更多的创意和技巧。以"冰桶挑战"为例，名人、恶搞、接力——滚雪球效应的各种要素都具备了，它很正义，也不那么极端，还有点捉弄人的小清新。大家留恋于各种冰水的体验中，被惦记上的一个个兴高采烈，旁观者则得以窥见别人内心小小的隐私——恩怨情仇，似乎都能找到蛛丝马迹，这实在太让人兴奋了。

现在但凡是个名人，都要随时做好接招的准备，因为你不知道会被谁惦记上。甚至不是名人的劳苦大众，加入战团的也越来越多，以至于最后一桶不够，变成"再来一桶"。

冰桶给大家带来的快乐不是一个公益活动所能概括的。同样的冰桶，不同的诉求；不同的国别，不同的种族；有些来自内心，有些来自外界，但大家都感受到了快乐与温暖，这些才是最重要的。

一个冰桶和100美元，都不是太难做的选择，关键是享受善良的快乐，向善向上的力量才会一直传递下去。庄重的形式、悲悯的情怀不是慈善的唯一选项，行善的动机也没有那么重要，有温暖的热闹不也挺好吗？其实，我也很想点一个人，也很矫情地希望别那么浪费水。

2014年8月28日

去万达，购不购？

小高周末去 SOGO 逛街，领略了"购物环境最好"的商场：偌大的双子座只有一边在运营，富丽堂皇的商场内，仅有零星的几个顾客。去复兴门百盛和金融街购物中心，感受也是如此，在北京二环内黄金地带建造的国际品牌购物中心，在秋风中看起来是那样的萧索，让人不禁为之担忧：如此高昂的成本，这些商场是如何生存的呢？

这样的担心不是多余的。早在今年 7 月份，百盛东四环店就已关门歇业，来自马来西亚的百盛在中国繁荣了 20 多年后，在各方面的激烈竞争中开始了长达 6 年的滑坡。

百盛这类大型百货商场的衰落可谓是必然的。随着社会发展水平提升，消费者的需求发生了巨大的变化。首先是品牌。之前百盛等的繁荣在于先富起来的人在国际品牌上的虚荣心，过去购买国际品牌的渠道基本就是高档百货商店，而现在，出国购物、海外代购等丰富了国际品牌的购买渠道，让大型百货逐步走向"试衣间"。其次是多样化需求。据了解，关门的这家百盛店仅有百货销售，完全没有配套餐饮、娱乐等场所。

而现在，能够聚集人气的都是集餐饮、购物、休闲、娱乐、超市等为一体的大型城市综合体，购物已经成为现代年轻人休闲娱乐过程的附属品。再次是线上线下结合（O2O）的需求。当网上购物已成为生活的常态时，当在商场试衣、在淘宝购买成为省钱的秘籍时，当比价软件盛行时，消费者尤其是青年一代消费者已经将电子商务与移动互联网融入生活，对线上信息与线下实物的结合需求越来越旺盛，O2O或将成为未来发展的趋势。

这不，9月1日，万达集团、百度、腾讯宣布共同出资成立万达电子商务公司，打造全球最大的O2O电商平台。"在街上有个姑娘穿的裙子很漂亮，你把裙子拍下来，我们就可以告诉你万达百货哪个店铺在卖；你看到了一张电影海报，百度就可以告诉你在万达影院的上映时间。"李彦宏用一个场景描绘了万达电商的一角，"腾百万"的目标是，通过对购物中心的移动技术改造，将庞大的未经开发的线下实体资源，变成智慧、智能的商业；同时建立"积分联盟体系"，盘活各自的积分系统，在增强三方的使用黏性的同时，积累庞大的消费者使用数据。

一直很喜欢一句广告词，"上天猫，就购（够）了"。不知道这次"腾百万"的联手能否成为超越阿里的新模式，让我们拭目以待，看看"去万达，购（够）不购（够）？"

2014年9月4日

BAT 的健康网事

8月22日，北京友谊医院与支付宝的合作正式对外发布，支付宝"未来医院"计划登陆北京。该计划自今年5月27日推出，上线的医疗机构已经达到10家，其中9家为三甲医院。支付宝"未来医院"希望用十年时间，实现一个以人为本、以医疗为依托的健康服务模式。通过移动应用来改善医疗服务流程，在技术上几乎不存在任何难度。基于此，"未来医院"的服务链将向医院之外延伸，药品配送、保险等环节将加入服务平台，而最终目标是实现基于大数据的健康管理。

梳理基于不同主体所产生的商业模式，大致可以将互联网医疗的商业模式分成以下几种：基于患者需求的，比如好大夫、春雨医生；基于医生诉求的，比如丁香园、杏树林；基于不同付费主体的，比如服务于医院信息化的东软、卫宁，服务于药企的 Epocrates 等。

按照目前的思路，支付宝显然选择了从患者需求的角度切入医疗服务的链条，而且产业价值链仍然在金融属性层面。这也是支付宝切入移动医疗与其他机构不同的地方。

也就是前后脚的功夫，9月3日，医疗健康互联网公司丁香园获得腾讯7000万美元战略投资，这是该领域获得的最大一笔融资。丁香园创建于2000年，目前拥有超过400万专业会员，是面向医生、医疗机构、医药从业者以及生命科学领域人士的专业性社交网站。腾讯投资丁香园所看重的是丁香园在医疗交互平台、移动医疗以及大数据上的优势，目的是在微信、手机QQ里植入移动医疗元素，将专业的内容和服务与广大用户结合，以产生更大的价值。

事实上，互联网巨头早在前几年已经陆续开始对医疗领域进行布局。在业内看来，目前移动医疗作为一大热门投资领域备受关注，在医疗可穿戴设备、医疗硬件、医疗大数据方向上仍有较高的投资及收购比例。上期我写的《天上有朵健康的云》说的是百度于7月与智能设备厂商和服务商联手推出"北京健康云"，与百度云形成无缝对接，用户通过这些健康感知设备，实时监测自身健康数据。阿里5月推出"未来医院"计划，开始实施其移动医疗战略，通过支付宝对医疗机构开放自己的平台能力，包括账户体系、移动平台、支付及金融解决方案、云计算、大数据平台等，帮助医院提高运转效率，优化医疗资源配置。

BAT(百度、阿里、腾讯)的医疗布局都是在发挥其自身优势的前提下进行的，但是基于同样的判断——

健康是个大蛋糕，只要有人类，健康的需求便没有止境。

BAT 的圈子很大，也会越来越大，贵圈很热闹，也会越来越热闹。

2014 年 9 月 18 日

众筹电影的黄金时代

当聚光灯包围在阿里巴巴身上时,百度也不甘寂寞。上周日,百度在其互联网众筹产品"百发有戏"上推出首款产品,两分钟内意向认购就达到1500万的计划值,而实际则销售了1800万元。更有意思的是,这次的互联网众筹产品却披上了消费信托的隐身衣,轻松穿过了束缚在众筹身上"投资者不超过200人"的牢笼,让投资者变身成为"能挣钱的消费者"。

"百发有戏"的首款项目是讲述萧红(民国四大才女之一)生平的传记电影《黄金时代》,由百度联手中影股份、中信信托、北京德恒律师事务所共同推出。项目没有使用众筹这一定位,而被称作"电影大众消费平台",因为众筹有200人限制,且不能承诺回报,而"百发有戏"销售的是消费权益,在法律允许的范围内有效地规避了这一限制。这款产品采取了嵌套式的多重信托结构,同时使用了消费选择权的方式,因此这款以实现消费权益为出发点的产品也具备一定的资金收益功能,从而开发出"众筹+消费+信托"的新模式。

在消费权益部分，包含多种套餐，如享受看电影优惠特权，与主演通电话、共进晚餐，领取道具和戏服，当群众演员，获得主演录制的感谢视频等。而消费权益的确立，是以"消费券"为载体的，其实就是"团购＋预售电子化凭证"，凭消费券，消费者可享有某一消费专项下的消费权益。

在资金收益部分，认购者将有权选择获取执行消费权益或领取资金补偿。具体的资金补偿方案将挂钩《黄金时代》的票房成绩。电影票房越高，潜在的权益回报越大。而从《黄金时代》的目前宣传来看，"民国时期的自由思潮与意气风发＋风华才女短暂而绚烂的一生＋华丽的明星阵容"，票房应该是有保障的，由此，收益应该也很可观。

这种模式是一个互利共赢的结果。一方面，消费者在消费电影的同时可以获得收益回报，另一方面，这些投资者是电影的最终消费者，是电影票房的重要保证。而且通过这种模式，在创作阶段，可以加入"内容众筹"，剧本的创作、演员的甄选、场景的设计，都可以通过用户参与共同设计；在营销阶段，可以通过各种服务项目，引爆用户持续关注和消费热情，将票房推向高点。

因此，从今年3月份起，百度就对外宣布将建立百度众筹平台，希望借此整合旗下的爱奇艺、PPS、百度视频、糯米网等自有资源，将"视频用户"转变为"众筹用户"，形成一个互联网、电影、金融相结合的生态圈。估计首秀的成功,将激发百度开发更多的新众筹产品。

"这不正是我的黄金时代吗?"萧红的这句话,或许也是互联网金融大佬们的心声。

2014 年 9 月 25 日

当驴杠上了苹果

iPhone6终于露面,作为一个曾经的果粉,我似乎看到日薄西山,然而从Apple Watch推出后各界的反应上我又似乎闻到了硝烟的味道。法国知名奢侈品集团路易威登(LV)腕表部门首席执行官认为,Apple Watch这个憋了三年的产品设计忒丑娘,一点也不性感。"土豪驴"(LV)名气不比被啃掉一口的苹果逊色,此番粗鲁别有用意,因为——他们自己也要做智能手表了。狗拿耗子,玩的是跨界,狗可以,驴也行。看来,可穿戴设备发展元年真的已经到来了。

Apple Watch——苹果公司现任掌门库克推出的第一款属于自己的"革命性"产品,针对运动需求,专门推出两款新应用:Fitness和Workout。库克说,这将改变人们的健身方式,比如设置运动类型、设立目标、记录数据、记录心跳、测量热量消耗、记录锻炼时间和距离等。

而LV腕表部门那个"恐娘"的首席执行官表示,LV旗下最大的手表品牌Tag Heuer(豪雅)打算推出的智能手表,绝对不会是Apple Watch的仿制品。产品具体啥样不知道,肯定要比Apple Watch更贵就是了。

"穿戴式智能设备"是应用穿戴式技术对日常穿戴进行智能化设计、开发出可以穿戴的设备的总称。随着技术的进步以及用户需求的变迁,可穿戴式智能设备的形态与应用热点也在不断变化,产品和市场规模迅猛增长。Canalys 预测,2014 年全球将会销售 800 万个手环,下一年这一销售数字将会增长到 2300 万,2017 年,销售量很有可能突破 4500 万,全球市场的销售额将会达到 155 亿美元。据 Business Insider 预测,2017 年全球可穿戴设备的出货量将达到 2.6 亿台,全球可穿戴设备的市场规模 2018 年将达到 120 亿美元。2012 年中国可穿戴设备市场规模为 6.1 亿元,艾瑞咨询预计,2015 年中国可穿戴设备市场出货量将达到 4000 万部,市场规模将达到 114.9 亿元。

世界范围内,谷歌、苹果、三星等各大科技厂商均提前布局可穿戴设备领域,中国国内也由百度、华为、小米等公司牵头开始布局,颇有掀起一场可穿戴设备革命的势头。

乐搏资本创始人杨宁对未来科技的展望让人觉得难以置信:穿戴设备将使手机在 5 年后消失、iPhone 系列将成为苹果手机的绝唱……会吗?我不知道,但不管观点正确与否,新一波智能穿戴设备的浪潮已经袭来,没看到苹果被驴杠上了吗?

2014 年 10 月 9 日

互联网企业,创业板喊你回家吃饭

10月30日,我国创业板将迎来5周岁生日。5年来,创业板市场欣欣向荣,为优秀上市公司提供了便利的融资通道,同时也为市场提供了高价值的投资标的。目前,创业板共有397家上市公司,总股本1056亿股,为2009年的30倍,平均市盈率达到70倍。5年间创业板市场日均换手率约为4.6%,明显高于同期深市日均换手率1.7%。机构投资者持有流通市值的份额从2009年的3.56%一路上涨至43.20%,彰显了资本市场对创业板发展的认可和信心。

在5周岁生日即将来临之际,市场传言将有重磅生日蛋糕送给互联网等科技创新型企业,其中最重要的当属推动亏损互联网企业和高科技企业在创业板上市、推动VIE架构企业回归、对赌协议合法化等大礼包。创业板即将打开大门,喊互联网企业回家吃饭!

今年以来,阿里巴巴、京东、新浪微博、去哪儿、途牛、兰亭集势等一批中国互联网领域的优秀企业都相继选择在美国上市,成为敲响纳斯达克钟声的焦点企业。而我国内地投资者无法分得一杯羹,无法从公司高速成长中获得收益，令我国监管层颇为难堪。这种情况主要缘于国内资本市场制度设计的局限——即创业板盈利门槛问题。我国以历史盈利记录作为企业是否具备持续盈利能力的硬性指标，要求登陆创业板的企业必须连续两年盈利，使一批具有较好盈利前景但仍处于亏损阶段的互联网、高新技术企业难以获得创业板的支持。因此，很多优质的互联网企业想要从资本市场融资，就不得不选择境外上市。据此，监管层提出了推动亏损互联网企业和高科技企业国内创业板上市的议题。

因商业模式、技术等方面的特殊性，我国早期互联网企业的初期创业资金大都来自海外，而受制于我国ICP牌照对外资准入、境外返程投资等方面的规定，一般需要采用VIE架构。互联网企业若想在国内上市，需在解除VIE架构后，运营2～3年才有可能。为吸引VIE架构互联网企业回归A股上市，监管层正积极研究破除相关障碍，包括允许连续计算VIE架构存续期间的经营时间，合并计算VIE架构下相关主体的业绩等，放宽VIE结构企业上市条件。

科技创新型企业在成长过程中，受制于规模、经营风险及轻资产属性等因素，间接融资渠道很少，资金来源常求助于创投等风险资本。为弥补信息不对称可能导致的投资估值不当，风险资本一般会与企业或其原股东签订对赌协议，以保障自身权益。但在我国法律实务中，投资方与企业签订的对赌协议往往因涉嫌损害公司及其债权人利益而被判定无效。因此证券监管部门一般要求企业在上市前将对赌协议清理干净。而目前，监管层或在考虑将对赌协议合法化，同时研究发布对赌协议条款的负面清单，据此清理协议中有关优先分红权、优先清偿权等违反《公司法》相关规定的条款内容。

如果创业板真能尽快送出"生日大礼包"，这将为我国创新型企业，尤其是互联网创业企业打开一扇大门——一扇直通 A 股的大门，直接缓解新兴企业的融资困境。可以想象，未来将有更多的优秀互联网企业选择在 A 股上市，在新政的召唤下"回家吃饭"。与此同时，风险资本也将拥有更充分的投资退出渠道，这将更好地促进我国互联网产业的良性有序发展。我国投资者也能从这些高速成长的互联网企业中获取投资回报。不过，面对"不以过去论英雄，只看未来收益"的互联网及高科技企业，投资者更要小心分辨，选择真正有"未来"的优质公司。

2014 年 10 月 16 日

法治的故与新

一个会议使得"依法治国"这个词再度炙手可热。春秋战国法家先驱管仲在《管子》中最早提出"以法治国"。《汉书》说"法家者流,盖出自理官"。推算一下,它的出现已经是十分遥远的故事了。

春秋末期,以铁器农具出现为标志的新生产力发展引发经济关系变革,从而导致了政治局面和社会秩序的混乱。当时的社会矛盾主要是私田主、国君与公田主即大夫之间的经济关系矛盾;国君的集权与重臣擅权的政治关系矛盾;以法治国还是以礼治国的治国方略矛盾。周王室衰微,王权旁落,出现了所谓"礼崩乐坏"的局面。

在那个大变革的时代,大批有识之士以满腔的热情一边深入思考,一边参与社会实践,视个人理念和社会价值为一体,纷纷提出治国平天下的主张,开始了为后世所称道的"百家争鸣"局面,法家在诸子百家中有着非常重要的地位。春秋战国时期法家先贤李悝、吴起、商鞅、申不害、乐毅、剧辛相继在各国变法,废除贵族世袭特权,使平民通过开垦荒地、获得军功等渠道成为新的土地所有者,瓦解了周朝的等级制度，从根本上动摇了靠血缘纽带维系的贵族政体。那个时期，法家是平民的政治代言人。法家的政治口号是"缘法而治""不别亲疏，不殊贵贱，一断于法""君臣上下贵贱皆从法""法不阿贵，绳不挠曲""刑过不避大臣，赏善不遗匹夫"。他们提出的以法治国的主张和观念，一直影响至今。

近现代以来，"依法治国"也不是一个陌生的话题。梁启超就曾发出过中国何时可以建成法治国家的历史之问。百年来，无论宪政进程还是民主法制，抑或民权民生，无不历经坎坷挫折。然而，再深沉的暗夜，也终遮不住公平正义的光芒。经过60多年的不懈努力，中国法律体系已经建构起来，无法可依的问题得到纾解，但"纸面上的法律"变成"行动中的法律"，依然还有很长的路要走。法律的完善，并不代表法治的施行；法律的生命在于实施；法治的目标，在于良政和善治的实现。依法治国，无疑是实现国家治理体系和治理能力现代化的必然要求。

这些天，在大家的等待和期盼中，党的十八届四中全会召开。经历了数十年经济高速发展，社会与国家治理需要再一次重装出发。"法明，则内无变乱之患；计得，则外无死虏之祸。"历史语言，会不断出现，每一次都很不一样。

2014 年 10 月 23 日

去哪儿不重要

"去哪儿不重要。"

这是马云说的。

在开疆拓土的过程中,互联网大佬之间的商业边界不断发生冲突,战火终于烧到了在线旅游。

10月28日,阿里巴巴旗下出现了一个新的独立品牌——"去啊",当天,手机APP"去啊旅行"同时推出。至此,在线旅游市场已是巨头云集,好不热闹。

在阿里之前,百度旗下有"去哪儿"(百度于2011年6月战略投资去哪儿网3.06亿美元,占据其62%的股份),腾讯旗下有同程网、QQ旅行等(腾讯2010年推出QQ旅游平台,2011年1月收购了同程网30%的股权,同年5月以8440万美元购买艺龙16%的股权)。事实上,若不是去年百度收购携程因"由谁出任新公司CEO难以达成共识"而告吹,在线旅游市场的主要玩家将变成BAT。

互联网巨头们争夺在线旅游市场的原因并不复杂。《2014～2018年中国在线旅游行业发展前景预测与投资战略规划分析报告》显示，2009年以来，中国在线旅游市场交易规模从619亿元增长至2282亿元，增长率保持在25%以上。从增长趋势来看，2013年中国在线旅游市场交易规模增速维持在30%以上，在线旅游市场交易规模占整体旅游交易规模的比例（在线旅游渗透率）为8.5%。以淘宝"去啊"的前身"淘宝旅行"为例，2011年，淘宝旅行推出一年，交易额即越过百亿元大关。

互联网巨头与在线旅游服务商合作的逻辑也很简单：互联网巨头有流量，旅游企业（包括TA、OTA）有服务能力；流量可以带来客户，由TA、OTA提供服务；互联巨头解决流量货币化问题，TA、OTA解决客源问题。

今年"双十一"，阿里巴巴的重要举措之一就是给在线旅游导流，"去啊"旅行"双十一"活动已经从10月15号启动，预售的旅游产品如"5999元美国西海岸九天""999元全国七地飞成都"等都赚足眼球，更有"4999元全国10次任意飞机票套餐""香格里拉和万达五星酒店套票"等创新产品。其中美国相关商品第一天就进入疯狂模式。从活动页面可以看到，各类美国相关商品已合计售出接近5000件，大多数预售商品的出行日期覆盖到了明年上半年。

我想起很早前有首歌叫《我想去桂林》，其中歌词道："我想去桂林呀我想去桂林，可是有时间的时候我却没有钱；我想去桂林呀我想去桂林，可是有了钱的时候我却没时间。"呵呵，我也是。在线旅游的异军突起，也许能让我们看到省钱省时间的新曙光。

2014年11月6日

穿越星际

当下，最火的电影怕是那个被译为《星际穿越》的科幻片，其实这部片子英文名字叫作 Interstellar，也就是"星际"，但到了中国，就一定要加上"穿越"二字，否则好像观众会不接受似的。

其实中美都流行穿越。世界"穿越文学鼻祖"，正是美国作家马克·吐温。1889 年，马克·吐温在小说《康州美国佬在亚瑟王朝》中，讲述了一个来自 19 世纪的美国佬穿越时空隧道，到 6 世纪圆桌骑士时代的亚瑟王朝所闹出的笑话。在马克·吐温的笔下，美国佬用现代科技战胜了众骑士，并要改造英国，使之迅速进入现代化。

不过时隔百多年后，中美"穿越"的方向却发生了巨大分歧。网上著名的评论"段子"称：同样是穿越剧，美国都是往前穿，中国都是往后穿。一个想不起历史，一个想不出未来。

譬如，美国的电影系列更倾向于高科技行业，如星球大战、人机大战等，自信地去挑战未来。有人说这是因为美国没有历史，其实这和美国人的性格与理念有关，强者生存的道理永不过时。从《2001：太空漫游》《普罗米修斯》，到《盗梦空间》《地心引力》，再到《星际穿越》，美国人的每一部电影都拍得让人神魂颠倒。这种创造力和建构力让人折服。

相较而言，中国的影视文化中，我们却不敢去幻想未来，固化的思维文化不容许我们有太多的异想天开；近代的科技落后，也使我们失去了胡思乱想的根基，只能在窝里偷笑着回味曾经的美好。美其名曰"我们拥有历史"，却不知早已失去了未来。

中美穿越的另一显著区别是，相比多以爱情和搞笑为主的中国穿越影视剧，欧美穿越作品的主题往往较为严肃，这些作品通过时空错置这一极端体验，将人类在时间和空间夹缝中的无力感凸显无疑，并借此表现对人类未来命运的终极关怀。

以《星际穿越》为例，近三个小时的电影，讲的都是孤独的人类如何面对宇宙并走向宇宙。它极其真实地演绎了宇宙的残酷和恐惧。那么，谁来拯救我们？并不是外星人，而是人类自己，是人类成为像上帝一样的存在后，在遥远的未来拯救过去的自己。宇航员库珀是耶稣基督般的化身。异星上的死尸，以及漂浮在太空中的主人公，都有十字架上受难者的形象。从这个意义上讲，所有指向未来的科幻电影，都在颠覆我们的三观，都是宗教电影。

今天的文化正游走在科学想象与哲学思辨的边缘。它让人想到，一个国家或者一个民族的可怕之处,其实在于它的伟大。而任何对未来勇敢的想象和理智的思辨都在创造伟大。我们正置身于一种对伟大的恐惧之中,同时,我们也正置身于伟大之中。

2014 年 11 月 20 日

互联网大会引发的阿里京东大 PK

2014年11月19～23日，世界互联网大会在浙江省乌镇举行。虽然苹果、谷歌、Facebook等国际大鳄的代表都是一水儿的副总，但该会议前有习近平贺电助兴，后有国内互联网各大当家压阵，所以也星味十足，颇有天下英雄齐聚华山论剑称雄之意。这次会议没有爆出什么重磅消息，倒是有些非常有趣的花絮。其中，马云和刘强东对阿里和京东的区别定位再次引发了大家对这两家电商的兴趣。

对于很多在"双十一"血拼的姑娘来说，阿里和京东的区别在于一家不会主动开发票，而另外一家会；或者是一家经常卖假货，而另外一家不会。其实，这两家电商的基因完全不同，阿里走的是开放平台路线，自己不直接采购，而是给商家搭建平台并通过流量费和提成费盈利；京东走的是价值链整合模式，自己采购商品销售，并自建物流形成商业闭环，主要依靠商品进出差价盈利。所以从业态来说，阿里属于轻盈飘逸的服务企业或技术企业，而京东则属于李国庆所说"傻大黑粗"的重资产企业。

阿里和京东都已经上市,从报表上能很清晰地看到不同模式引起的财务区别。阿里2013财年收入为345.2亿元,但由于不存在库存物流等成本,其毛利率高达71.8%,净利润为86.5亿元(阿里从2011年就开始盈利)。京东该年度收入为693.4亿元,远高于阿里,但由于自建物流和仓储,同时需要自己采购,营收成本很高,毛利率仅有9.9%,亏损5000万元(相比2011年和2012年分别亏损的12.8亿元和17.3亿元,已大幅收窄)。

在互联网大会上,新晋首富明确地将阿里的使命阐释为帮助有梦想的创业者实现理想,而刘强东则解释京东的目标在于解决中国的商业成本和效率问题。阿里2013年商品交易额为18330亿元,淘宝、天猫和聚划算的活跃卖家超过850万家,对很多人来说就是创业天堂。至于刘总,他在控制费用和降低成本方面比较诚实。京东2013年虽然毛利率很低,但是费率相比主要竞争者已经压缩到了极致。电商费率最重要的是物流成本和市场费用,2009~2013年京东物流费率平均为6.2%,而亚马逊为11.9%,当当与唯品会为14.0%~21.8%;京东同期的市场费率平均为2.2%,而亚马逊为4.1%,当当在2010年最低,但也达到了3.36%。如果看整体的运营费率,京东这几年为8.3%~13.1%,而亚马逊从来没低于17%。若能在直接成本上再进行压缩,以如此庞大的收入规模,即使毛利率只提高1个百分点,也会对盈利产生巨大的影响。要是京东在搞死其他对手后再将毛利率提升到亚马逊的水平,老天,那盈利肯定残暴得让人无法直视。

　　综上所述，阿里和京东从使命到定位到生态都不一样，只不过两位大佬架不住老百姓把他们拉扯在一起。至于商业模式孰优孰劣，哪家公司可以称霸武林，也是各有拥趸。不过现在马云可能还觉得小东子差点儿分量，毕竟阿里除了平台，还有金融和数据，而且两家电商的市值相差还将近一个量级呐。

2014 年 12 月 4 日

再话新常态

告别了高歌猛进，中国经济已经真正步入新的运行轨道。

20世纪80年代中国经济年均增长9.7%，90年代年均增长10%，21世纪前8年增速提高到10.5%，全球金融危机后的2008～2011年增速为9.6%，近两年放缓至7.7%，今年上半年则降至7.4%。

人口结构变化、要素成本上升，倒逼经济结构优化升级、发展转向创新驱动。随着客观条件的变化，中国经济必然从高速增长转向中高速增长，从结构不合理转向结构优化，从要素投入驱动转向创新驱动，从隐含风险转向面临多种挑战。以中高速、优结构、新动力、多挑战为主要特征的新常态，悄然来到我们身边，正深刻改变着中国经济乃至整个社会的面貌。

进入新常态，增长速度换挡期、结构调整阵痛期、前期刺激政策消化期"三期"叠加，各种矛盾和问题相互交织。但是新常态下，中国经济增长速度"下台阶"，发展质量却要"上台阶"，不均衡、不协调、不可持续的"旧常态"将被以人为本、均衡协调、绿色发展的"新常态"所取代；经济增长以实现充分就业和收入增加为主要目标，发展方式将从粗放到集约，低端到高端；宏观政策立足于"稳增长、促改革、调结构、惠民生、防风险"，保持定力，主动作为，以微刺激、强改革，保障经济适度稳定发展。

从高速增长转为中高速增长，是新常态的最基本特征。在速度换挡期，我们既要走出高速纠结，又要保持合理的增长速度，让经济运行长期处于合理空间。这样的经济增长，必须是就业和收入增加的增长，是实实在在没有水分的增长，是质量和效益提高的增长，是节能环保的增长。进入新常态，也进入了转型升级的关键时期，打造中国经济升级版，就要从粗放到集约，从低端到高端，结构调整的任务更加艰巨，也不会一帆风顺。从根本上说，要解决面临的以及不可预测的问题，就必须向改革要动力，向结构调整要潜力，向民生改善要助力；厘清政府、市场和社会三方责权边界，让市场主体真正放开手脚；要"补短板"，把该做的事做好，增加公共产品有效供给；要"强实体"，夯实发展的基础。

新常态有长期性，新常态面临多种挑战，更蕴含多种机遇。我们更看到，新型工业化、信息化、农业现代化和城镇化"新四化"的不断推进，以及通过"一带一路"建设和人民币国际化进程提速而加快的"走出去"步伐，为我国在国内和国际的发展提供了巨大潜力和回旋空间。主动适应经济发展新常态，保持经济运行在合理区间，用健康的发展化解发展的烦恼，是我们唯一正确的选择。

2014 年 12 月 11 日

薛定谔的猫

如果没有一颗强大的心，最近一个月你可能根本没法买股票：当你以为2500点已经封顶时，A股已剑指3000；当你以为8000亿元的全球第一成交量已是天量时，数天后便突破万亿元成功刷新纪录；当你终于鼓足勇气满仓入市时，大盘直接暴跌5％！玩儿的就是一个心跳。

回顾这段时间满天飞猪的乱象，大家都会有一个问题：风到底从哪儿来？目前基本面疲软，股市狂飙实在让人费解。其实在中国这种不成熟的资本市场，宏观经济与股市的关系实在是微乎其微，中国GDP增速常年是美国的4倍，但两边股市却是冰火两重天。真正决定股市能否走牛的关键是，市场的流动性以及这些流动性是否愿意注入股市。

那么流动性来源于何方？根据证监会此前披露，接盘产业资本的群体中，散户占52.6％，境内机构占24.6％，境外资金占22.8％，散户是此轮疯牛行情的主力军。

但是，当前的市场环境与2006～2007年那一轮波澜壮阔的牛市相比又有所不同。现在投资者手里有更便捷和高效的杠杆工具,一旦行情到来,聪明的资金迅速加杠杆入市,加速资金流入。更为庞大的是银行理财资金,据估计规模接近 3000 亿元,而且随着市场无风险收益下行和"非标"资产萎缩,15 万亿元银行理财产品急需新出口。

一旦出现黑天鹅引发资金杠杆停止,市场的大幅波动便在所难免。中证登的公告便是那只黑天鹅:如果未纳入政府债务的城投债债权评级、主权评级不符合要求,则不能作回购质押。这意味着相当大比例的城投债在交易所的流动性将基本丧失,债市人士估计比例将不低于 1/3,规模约有近 5000 亿元。

此外据《21 世纪经济报道》报道,"随着市场的火爆,监管层意欲借此行情提速 IPO 发行。"数家已过会企业临时接到监管层的紧急通知,要求其尽快完成 IPO 发行封卷,以做好随时领取发行批文的准备。这明显的抽血效应预期导致消息灵通的投资机构和外资进一步撤离。

近几天坊间流传的段子可以一窥黑天鹅过境后的市场惨状:9 号晚上债券交易员决定收盘后就去跳楼,走到天台开门一看,股票交易员已经挤满了。当股票交易员跳下去时,发现地上躺的都是做量化对冲的,量化对冲身下还压着很多没做对冲的股指空头。

至于未来短期股市走势如何,笔者觉得这就像是薛定谔的猫,在揭虫之前处于既死又活的状态，只有最后打开箱子才知道真相。但那时你可能已经满仓踏空甚至满仓跌停，所以小散们还是应谨记那句老话：股市有风险，入市需谨慎。

2014 年 12 月 18 日

莫斯科还能相信石油吗

20世纪80年代，国际市场石油价格从1984年的212.6美元/吨下降到1988年的93美元/吨，令本已问题严重的苏联经济雪上加霜。1991年12月25日18时32分，在克里姆林宫顶上飘扬的苏联国旗徐徐下降。从此，苏维埃社会主义共和国联盟的历史宣告终结。23年后的圣诞节，由石油价格下跌引发的俄罗斯卢布大幅贬值、经济衰退、资本外逃等一系列问题再次引发世人关注。

自2014年7月以来，石油价格下跌幅度超过50%。回顾始末或许可以认为，油价迅猛下跌还要从供给冲击和产油国博弈上找原因。

美国页岩能源生产从2008年的不足50万桶/日发展到现在的400万桶/日的生产规模，预计其在美国未来原油生产中的比重将逐步上升。与此同时，OPEC原油恢复正常供给。总体来看，在全球需求不足的情况下，原油生产仍在不断增长。供求不平衡，是导致原油价格下跌的一个最基本和最主要的原因。

OPEC国家继续保持原油的高供给，压低原油价格，其目的之一是可以打击以页岩能源为代表的新能源生产和预期；二是率先击垮生产成本较高的原油生产国家，从而重新抢占市场份额，夺回市场定价权。以沙特为首的 OPEC 原油国家，原油生产成本大约在 40 美元/桶以下；与 OPEC 这些低成本产业国相对的是巴西、俄罗斯、美国等高成本的产油国，在当前的油价下，无一例外它们将蒙受巨大的亏损。

至于美国为何坐看原油价格下跌而无动于衷，一方面是原油价格下跌对美国经济可以起到一定的拉动作用，另一方面也未尝没有重演 20 世纪"借刀杀人"打击俄罗斯的考虑。在俄罗斯内忧外困之时，美国不忘伤口撒盐，加大了对俄罗斯的制裁力度。

就俄罗斯自身经济结构来看，过度依赖能源工业成为硬伤。中国春晚上的黑土大叔批评白云大妈，可着一只羊身上薅羊毛没有不出事儿的，道理大抵如此。

圣诞节又到了，严冬还在持续，莫斯科可以不相信眼泪，但是，它还能相信石油吗？油可以生火，水可以灭火，谁是水，谁是火？一切都只能留待时间去揭晓。

2015 仅一步之遥，2014 即将成为匆匆那年。

愿，天下太平。

2014 年 12 月 25 日

去到别人梦想都未曾抵达的地方

对小米和雷军来说，2014 年是延续奇迹的一年。12 月 16 日，雷军获颁素有"中国商界奥斯卡"之称的中国最佳商业领袖奖；12 月 19 日，小米完成第五轮融资，估值 450 亿美元，成为全球迄今为止估值最高的初创科技类公司；2014 年全年小米出货量达到 6112 万台，同比增长 227％，含税销售额为 743 亿元，同比增长 135％，成功击败苹果和三星，成为中国市场份额第一的手机厂商。

那么，为什么小米能成长为 BAT 外的重要一极，而且仅用了不到 4 年的时间？

如果将 TMT 领域比喻为硝烟四起的战场，那么小米能杀出重围的主要原因在于，选择了合适的阵地并拥有优秀的战士和充足的弹药。

关于阵地，雷军在 2010 年创立小米时认为，未来的主要机会有两个，一个是移动社交，一个是智能手机，基于这个判断做了米聊和小米。现在复盘来看，雷军的眼光不可谓不毒。在这 4 年时间里，智能手机成功颠覆传统手机行业，移动社交更是成为时代新宠。不过，雷军的判断也存在偏差，当时预估这两个市场应该能产生100亿美元的公司，现在看这个预测少了个0。小米第五轮估值已达到450亿美元，3年后上市市值完全有可能冲破1000亿美元。移动社交也是如此，2010年腾讯市值为500亿美元，微信至少给腾讯增值了1000亿美元，现在市值超过1600亿美元，并一度逼近2000亿美元。

关于战士，在创办前两年，小米团队从14人扩张到约400人时，整个团队平均年龄为33岁，员工几乎均来自前Google、微软、摩托罗拉、百度、联想、阿里巴巴等公司，拥有5年以上的工作经验，至于2014年加盟的前谷歌副总裁Hugo Barra和前新浪总编辑陈彤，更是该行业将帅级的人物。拥有这么一批行业精锐，小米在战场上可谓兵强马壮，攻城略地也是势如破竹。

关于弹药，初创公司在解决完方向和人才的问题后，最大的困境便是融资，即使强如阿里和京东当年也一度面临资金链断裂的绝境。不过小米似乎从来没有因为钱发愁过，雷军自己做天使投资多年，家底殷实，小米估值也一路高歌猛进。2011年8月第一轮融资时估值仅2.4亿美元，同年11月估值升至11亿美元，2013年8月已达到100亿美元，2014年12月更是飙到450亿美元，短短3年左右估值增加了180多倍。在TMT这种前期烧钱的行业，源源不断的充足弹药让小米和雷军有足够凶猛的火力在手机领域厮杀，并将疆土不断拓展到智能家居、软件和互联网内容等领域。

雷军在 1 月 4 日给小米全体员工的信中提道："用我们每一个人的脚步探索行业每一点新的可能，向着星辰大海的征途，去到别人梦想都未曾抵达的地方！"回想雷军创业时的低调和隐忍，如今这番雄心不禁让人感慨小米经历的华丽蜕变。尽管远不如李彦宏等风度翩翩，尽管时常将 Armani 西装穿出民工范，尽管有一口听了让人挠墙和出戏的口音，但能在短短四年间"无中生有"地创造出如此庞大的王国，雷军实质上，与董明珠一样，都是值得尊敬的企业家。

2015 年 1 月 8 日

何以老去

跨入新年的门槛,老话儿讲"天增岁月人增寿",一系列涉及养老的话题,格外引人注目。

一则令人欣喜:实施了长达二十年之久的养老金"双轨制"寿终正寝。养老金"并轨",打破了旧有的制度樊篱,回应了民众关切,堪称彰显公平善意的重大改革举措,其里程碑意义不言而喻。

另一则让人揪心:以 2012 年为基准,社会统筹账户的隐形债务为 83.6 万亿元,个人账户的隐形债务为 2.6 万亿元,合计城镇职工基本养老保险统账结合制度下的隐形债务为 86.2 万亿元,占 2012 年 GDP 的比率为 166%。

让养老金"并轨"尽显公平善意只是解决问题的一小步,由此产生 3000 多万个空白养老金的缺口对于捉襟见肘的存量而言无疑是巨大的挑战。养老保险改革解决"双轨制"这个最大的不公平问题之后,养老保险基金的可持续性问题将立刻上升为主要矛盾。

目前,城镇职工基本养老保险制度各项指标普遍下滑,基金运行压力越来越大,特别是当期结余比2012年减少了229.27亿元。从当期看,基本养老保险收支运行总体是平稳的,基金收入大于支出,尚有结余。但值得注意的一是地区不平衡问题,有的省份结余得多,有的省份结余得少,要靠中央财政转移支付补贴之后才能够维持支付;二是最近几年基金收入增长的速度慢于支出增长的速度。值得关注的是随着老龄化进程加快,收支矛盾还在扩大。扩大的结果就是当年能保持平衡,但结余也在逐步变小,到一定程度就要吃老本,吃完老本之后就会出现亏空。

2013年数据显示,城镇职工基本养老保险基金总收入为22680亿元,比2012年增加了2679亿元,增长率为13.4%,增速下降4.99个百分点。2013年城镇职工基本养老保险基金总支出为18470亿元,比上年增加了2909亿元,增长率为18.69%,增速下降了3.22个百分点,但仍比2013年基金总收入的增速高5.29个百分点。不仅当期结余的增速下降,基金累计结余的增速也在下降。截至2013年底,全国城镇职工基本养老保险累计结余为28269.18亿元,比2012年底增加了4327.87亿元,增长率为18.08%,增速比上一年下降了4.72个百分点。与2012年相比,2013年绝大部分省份城镇职工基本养老保险累计结余增速都在下降。

面对庞大的隐形债务和日趋严峻的收支状况,无论是用新标准还是老标准衡量,我国都是未富先老。每个人都会变老,都需要有体面的老龄生活。随着中国加速进入老龄化社会,"老有所依"的基本诉求日渐凸显。如何使养老保障体系让全体劳动者享有同等的社会保障，正成为一个严峻而现实的挑战。十八届三中全会提出要建立更加公平可持续的社会保障制度，任重道远。

"我来不及认真地年轻，待明白过来时，只能选择认真地老去……"

2015 年 1 月 15 日

如何让奶农不再倒奶

在"每天一杯奶,强壮中国人"的宣传下,国内牛奶消费不断增长,超市乳品的价格也是居高不下。不过,原奶收购端与牛奶消费端的情况却是冰火两重天,自2014年下半年开始,青海、山东、河北、北京等地区相继爆发大规模奶农倒奶甚至杀牛的事件。北京市延庆县辛庄村仅一天便会有上千斤的牛奶倒进水沟。

出现这种极端现象的直接原因是牛奶收购价格的跳水。

国内奶粉价格自2013年下半年因奶荒达到新高后,此后便一路下滑,新西兰进口奶粉从4.5万元/吨降到2.1万元/吨,跌幅高达一半,还原成牛奶后的成本为2.2~2.5元/公斤。在进口奶粉的降价压力下,国内奶农的收购价格从高峰的5.6元/公斤跌至3元/公斤,个别奶农因被拒收不得不以低于2元/公斤的矿泉水价格处理。在成本控制上,国内每公斤成本在3.4元以上,而澳洲企业的成本基本在每公斤1.5元左右。所以即使在目前的价位,恒天然等外企仍然有一定的价格弹性,而国内企业却是一直亏损,只能通过倒奶杀牛等手段减少损失。

奶粉价格出现滑坡首先是因为行业处于周期性低点。2013年奶荒后，部分地区一窝蜂地开始圈地屯牛，导致今年下半年开始供过于求。其次是因为自由贸易的冲击，原乳和奶粉在2013年后基本实行5%以下的低关税，甚至很多品种是零关税，2014年中澳又签订了自贸协定，对国内奶粉价格造成一定的扰动。

要想避免这种倒奶杀牛的悲剧重演，除了有效降低成本外，关键要从体制上提升奶农抗风险的能力。

首先是商业保险的覆盖。在新西兰等主要奶粉出口国，牧场主都会购买商业保险管理价格和收入波动，而国内的奶牛保险自2004年在内蒙古试点以来进展缓慢，国内奶牛上保险的比例不足1%。未来需要政府建立更完善的商业保险制度，增加险种，并引导奶农形成购买保险的意识。其次是必须构建合理的利益共担机制，让奶农和加工企业在利益关系上更为紧密。国外奶农一般都是乳品企业的股东，二者构成利益共同体，但国内养殖和加工相互独立，主要靠合同供奶，变数多风险大。未来中国乳业应向养殖、加工、销售一体化方向发展，实现产业的融合。

从目前来看，中国奶企的发展仍然任重而道远，如果不能解决保险和产业融合的问题，这种奶贱伤农的事件仍然会不断出现。

2015年1月22日

网络医院　种子发芽

2014年年底，网络医院获得批准，广东省第二人民医院设立国内首家网络医院。此前国家发改委、国家卫计委批准贵州等5个省份开展远程医疗试点，主要建设内容包括建立远程医疗政策管理体系、建立远程医疗服务体系等。随着远程医疗试点的获批和网络医院的正式开办，区别于辅助子行业互联网化，以医院为平台和主体的互联网医疗的萌芽破土而出。

网络医院拥有强大的病症样本数据库、名医名院数据库、医药产品数据库、健康机构数据库、专业医疗信息引擎等网络资源。我国首家网络医院采取以诞生于1947年，集医疗、应急、教学、科研、预防、保健、康复于一体的综合性三级甲等医院——广东省第二人民医院为依托，由第三方提供网络平台，在社区医疗中心、农村卫生室、大型连锁药店等地建立网络就诊点的运行模式。网络医院主要由内科、急诊科、中医科各一名主任医师组成全天值班团队，带领各专科抽调的值班医生，接受网络就诊，未来将逐步布点到社区卫生服务中心。

互联网医疗是当下资本市场的热点。网络医院和远程医疗是互联网医疗的核心。其包括了以互联网为载体和技术手段的健康教育、医疗信息查询、电子健康档案、疾病风险评估、在线疾病咨询、电子处方、远程会诊、远程治疗和康复等多种形式的健康医疗服务。

互联网渗透医疗行业，是互联网发展自然演进的必然阶段——互联网自 20 世纪 90 年代末期先后冲击传统媒体、通信、零售、旅游、金融、教育等领域，其发展的核心脉络即从易到难依次渗透到具备低效率、多痛点、大空间、长尾特征的行业中去，而医疗行业完全符合了这样的特征。由于其涉及线下医疗资源的问题，渗透难度大，从而属于互联网渗透传统行业中后期的产物。

中国医疗资源配置极度不合理，让本来就稀缺的医疗资源更加匮乏。在我国，看病难、看病贵等问题长期无法解决，"等候三小时看病三分钟"成为常态，受制于顶层设计、医保联网欠缺以及医疗资源固化等因素，分级诊疗制度始终难以落地。优质医疗资源被"小病"占据，而基层医疗资源却被闲置。这些因资源错配而造成低效率运行的问题也为互联网解决方案提供了发展的空间。

随着允许医生多点执业、网售处方药以及社会资本进入等政策推出，固有樊篱被打破。同时，移动互联网发展、智能终端普及、传感器技术进步、互联网基础设施改善，都为互联网医疗提供了爆发式增长的土壤。

种子发芽，期待春暖花开。

2015 年 2 月 12 日

香港怎么了

从春节到两会开幕，穹顶之下，风起云涌。抢红包的热潮为互联网金融添柴加薪，柴静与雾霾的"个人恩怨"引发全民关注环境保护，央妈降息又将大众视线拉回经济增长与个人理财。但祖国的宠儿香港却不那么安分，继去年的非法"占中"之后又爆发"反水货客"游行。让人不禁发问，这座国际化的大都市到底怎么了？

作为全球第三大金融中心，香港在2014年被涂抹了太过浓烈的"非金融"色彩。其中，最引人关注的消息莫过于"占中"和李嘉诚"撤资"。"占中"是香港社会的一次撕裂，对于香港经济来说则是一个不容忽视的挑战。李嘉诚撤资，代表的是香港巨型财团对于全球布局的重新定位，似乎也可以解读为对香港经济的看空。

香港于今年年初宣布暂停已经推行了12年的"投资移民"计划。同样推行了12年的香港"自由行"，香港特首也计划于"两会"期间与中央政府商讨能否收紧现行政策，以控制内地游客在香港的增长规模。

2014年，6084万人次赴港游客中有78％来自内地。但对内地而言，香港的吸引力在不断打着折扣，网络上采购商品的价格已使香港没有价格优势。而规模正在快速增长的内地中产阶级在"北上广深"高端商场仍不能满足的消费需求，如今已经不拘泥于在香港满足，新加坡、东京、首尔，乃至纽约、伦敦、法兰克福都已经很自然地被列在他们的消费清单上了。

在与上海等内地城市的竞争中，香港的优势日渐缩小。随着中国外汇管制进一步放宽，上海成为国际性金融中心或许不用等到2020年。上海自贸区的壮大以及其他自贸区试点的日益扩大，使香港离岸金融中心的优势地位不再那么显著。香港蜗居式的居住条件也使金融工作者对于香港的憧憬大为下降。上海迪士尼的开业使得面积局促的香港迪士尼也不再那么诱人。沪港通无疑是个"大红包"，对香港金融业来说是巨大的利好，但其实质效应还有待循序显现。此外，如果中国内地大幅削减或取消消费品的进口关税，那么所谓的自由行将不再是由内地行到香港，深圳有可能会成为香港的购物天堂了。

香港最大的挑战并不止这些。香港拥有为数不少的大型财富家族，却鲜有享誉全球的品牌。同样是弹丸之地的新加坡，却诞生了相当的知名品牌。香港的产业偏重房地产、金融、航运等领域，随着香港转口贸易以及金融服务优势的缩减，香港未来的竞争力急需内在原动力。

此外,香港的致命之处在于没有创业文化,只有打工文化。因此,在香港自身相对竞争优势不断弱化、城市物理空间和心理空间日渐拥堵的当下,背靠内地也许才是一种正确的选择。

2015 年 3 月 5 日

小题大做的足球

2015年2月27日,中央全面深化改革领导小组第十次会议审议通过了《中国足球改革总体方案》。此前的2014年10月,中国国务院下发《关于加快发展体育产业促进体育消费的若干意见》,这是中国从金牌体育到全民体育转向的明确标志。

全民体育的特点是大规模、广泛性、低成本和自力更生。例如,意大利全国有7.5万个足球俱乐部,其中5.5万个是青少年俱乐部。14岁以下的小孩只需缴纳极为低廉的注册费(低于300欧元)即可获得全套装备,参加全年的训练和比赛。俱乐部的经费来自数量极为有限的会员捐赠、政府体育预算拨款和小额赞助,从教练、领队到管理者,大多数工作人员是义工,他们仅仅因为对足球的爱好而参与俱乐部工作。

这种情况在其他发达国家基本一样。体育考验的不是钱,而是整个社会的自发组织能力。如果没有相关法律法规规范和保护非营利性业余体育俱乐部的成立和运行,社会的自发力量在各种机构和程序性阻力中将难以被调集和激发出来。体育首先是一项公共和公益事业，在这个基础之上，才是体育产业。严厉者如德国，甚至连职业足球俱乐部也禁止私人全资拥有，任何俱乐部都必须保证球迷拥有半数"公共股"。

更为重要的是，体育已经发展为教育系统里素质教育的重要一环。体育对培养学生刻苦、自律、愈挫愈坚等素质有最为直接的作用，并最终转化为全面健康成长的动能；"足篮排"等集体运动，让人收获团队合作能力；面对面的训练与对抗，教会人敢于面对挑战。但凡课本里读到的，都能在现实中体悟——这是育人的最高境界。

中国体育经过几十年任性发展，积弊丛生，方向迷失。中国足球职业化曾被原亚足联秘书长维拉潘称为"拆屋基盖房顶"，这在整个世界足坛也是罕见的。

破冰的关键在哪里？

就产业而言，美国靠美式足球、棒球、冰球、篮球等高水平职业赛事作为驱动核心，体育产业已经是十大支柱产业之一。而我国体育产业由服装制造驱动的模式如今已难以为继，急需一个能广泛牵动人心、具备高市场价值、有高竞技水准和国际影响，且有巨大潜力的集体球类项目。而亚冠赛场所引发的中国球迷的无限狂热，又证明足球是最有潜质的"体育产业催化剂"。

2013年我国体育产业产值仅为3200亿元，不及美国的1/10，而国务院《关于加快发展体育产业促进体育消费的若干意见》给 11 年后的中国体育产业设定的目标为 5 万亿元,近 16 倍于今日。中国体育产业也将成为拉动中国经济的一个新引擎,在这个背景下,选中足球作为体育事业和产业的突破口,作为国家战略的初衷与意图不言自明,你懂的。

2015 年 3 月 12 日

大国总理的"六度"

总理记者招待会不一定是一年中最重要的政治新闻，但绝对是最特别的一条。每年春天的这场"约会"的确让我们认识到大国总理更"个性"的一面，答记者问已成为打造总理标签的第一窗口。

2015年克强总理记者会，一方面是政府施政要点的解读，一方面是政府应对媒体的示范。每年中外记者的提问中都不乏事关重大、高度敏感的话题。而今年这次答记者问，克强总理用"六度"（温度、力度、热度、高度、气度、广度）来答问，充分体现出高超的治国理政能力。

温度——总理一开场就和现场记者互动："两会现在结束了，但你们的工作还不能结束，今天又是星期天，也不能休息，向你们表示衷心感谢！"总理对作为普通劳动者的记者的尊重在这一段话中充分体现出来，很有人情味。

力度——该斩钉截铁时毫不含糊，面对尖锐问题时立场明确、态度坚定。总理在回答乌克兰问题时说："我们尊重乌克兰的主权独立和领土完整。前不久我在欧洲和乌克兰总统会面，我跟他说了这段话。他说能不能向外公布？我说没问题，你把我的原话登到报纸上。"总理这样客观公正的表达铿锵有力、掷地有声，一个敢于担当、奉行和平外交政策的大国总理形象跃然眼前。"简政放权是政府自我革命，削权要触动利益，它不是剪指甲，这是割腕，忍痛也要下刀"，这显示出总理坚持改革的坚定决心。

热度——总理在回应热点话题时，不仅仅用冷冰冰的数据，更通过亲自调研得来的鲜活事例阐述理论、立场。这体现出总理并非道听途说，而是亲自去感受。比如在回答"网购是否会冲击实体店"问题时，总理就通过"我曾经到网购店集中的村看过，那里 800 户人家，开了 2000 多户网店，可见创业的空间有多大"的事例，以这种实在的感受来支持电子商务的持续发展。

高度——前段时间的"占中""反水客"使香港话题特别敏感。当被问及香港政改方案这样的问题时，总理的回答以"高度"取胜。香港不是最讲法治吗？那我们就在法律框架下谈。首先讲一个大原则，不拘泥于具体问题，然后去找同香港民众的合意空间。如果作为一个香港居民，也能够感受到"总理从情感上是和我们站在一起，而且总理还给我们指明了未来的希望"，这样就容易接受了。以法制的大前提为始，然后贯通国家的意志和人民的意愿，不愧为"高度"的表述。

气度——在被问到中石化、中石油是否阻碍环保政策的执行时，总理首先明确政府对治理雾霾的决心是坚定的，但同时坦承"取得的成效和人民的期待还有比较大的差距"，这种在人民群众面前对不足的坦然承认，反倒彰显出政府"向雾霾宣战，不达目的，绝不休战"的坚强意志。

广度——总理答记者问的话题极为广泛，不仅涉及中美关系、中日关系等外交领域，而且有房地产市场、人口政策等内政领域；不仅包括简政放权、创新驱动等改革议题，还有跨境电商、"互联网＋"等发展议题，涉及面之广可算史上之最。

今年是克强总理上任后的第三次答记者问，三年的"大总管"执政经验已经让"李克强＋经济新常态"的施政思路越发清晰，大国总理的开放勤勉、理政风范，值得我们点赞。

2015 年 3 月 19 日

亚投行，切克闹

去年中国为促进本地区互联互通建设和经济一体化进程，倡议筹建亚洲基础设施投资银行，愿向包括东盟国家在内的本地区发展中国家基础设施建设提供资金支持。亚洲基础设施投资银行是一个政府间性质的亚洲区域多边开发机构，重点支持基础设施建设。

亚投行如同一匹黑马闯进了国际金融体系，引发了很多目前我们看到的一些戏剧性的情节。2015年3月英国成为首个申请加入亚投行的主要西方国家。随后法国、德国和意大利均有意向申请加入亚洲基础设施投资银行，亚投行成员范围不断扩大。

丝路基金、金砖银行和亚投行被外界普遍视为中国打造国际金融新秩序的几个主要动作。不过，相比丝路基金与金砖银行，亚投行的作用和意义显然更为重大，因此得到的关注也更多。而很容易被拿来与亚投行相对比的，则是日本主导的亚开行。而且，亚开行的资金总规模高达1650亿美元，超过了亚投行的1000亿美元。但亚投行的优势在于，中国能够输出的主要是以"铁公基"为主的基础设施建设，更适合亚洲广大发展中国家的需要。而且，按照中国一贯的主张，中国的对外投资不附加任何政治条件，也为亚洲国家所欢迎。

英国、法国、德国和意大利是欧洲最主要的大国，它们纷纷申请加入亚投行，虽有些出乎意料，但无疑意味着国际格局的某种变化。虽是否能与中国戮力同心还要打个大大的问号，好在已经迈出了这一步。

对英、法、德、意来说，加入亚投行需要付出的成本并不高，究竟会带来何种利益目前尚未确定，不妨先加入进来看看。此外，欧洲的基础设施老化，也和亚洲发展中国家一样，有升级换代的必要，而这正是中国的特长所在。因此，即使没有亚投行的合作框架，中国和欧洲也可能会在这些方面形成合作。就亚投行而言，扎扎实实推进相关的工作，先做成项目，或许更有意义。

作为发起人，我们的人在关门前也没忘表一下决心："我们有决心制造良好的安全保障政策，我们更有决心把它们在实际的投资中落实好、执行好，亚投行对世界银行、亚行是一个补充，而不是替代，是对现有国际金融秩序的完善和推进，而不是颠覆。""亚洲大陆茫茫大地一望无际，太平洋印度洋浩浩荡荡，完全容得下所有的这些机构，我们相信绝不会发生互相踩踏的事件。"

2015 年 3 月 26 日

回 归

时隔一年多,小祝又和大家见面了,这段日子对各位的思念真是"忆君心似长安街,日夜川流不停歇"。当然,这里说回归,除了诉相思之苦,主要还是把最近观察到的事情和大家聊聊。脑洞扒开,就从中国制造业开始吧。

中国制造业从来没离开过,何来回归?我们这里说的回归与美国不一样,指的是回归价值本位。前段时间有一则新闻说中国游客在日本抢购马桶盖,之后又有报道称此盖产自中国杭州。业内人士解释,虽然生产是在中国,但是设计和质量检验两个关键流程都是在日本。没错,这两个关键流程就是今天要说的制造业价值本位。

我们把制造业的价值按流程分为设计(研发)、生产和检验三个方面。生产就不说了,制造业大国嘛,大家懂的,今天主要说另外两个。

先说设计,中国企业在全球价值链中的被"俘获"与被"压榨"地位就是"亏"在研发上。所谓"出大力赚小头",iPhone 每次新品发布,都需要中国千千万万工人为其赶工，但每卖出一台iPhone，中国仅获得1.8%的利润。是我们研发投入得不够吗？非也，2013年，我国全社会研发支出占GDP比重超过2%，高于英国、加拿大等发达国家，绝对数量甚至超过德国(2.98%)。但这是全社会层面的，我们再看企业层面，这里选取沪深两市制造业上市公司近三个会计年度的数据，用研发支出与销售收入相比，结果均值为1%，中值为0.3%。1%，方差很大啊！这还是上市公司！人家德国加上不上市的也有4%！美国5%！虽然我们的神舟上天、嫦娥登月，但企业研发的积极性不高，不少企业仍把生产视作制造业价值的核心。3月25日，国务院常务会议推出的中国制造重点领域升级方向绿皮书目录指引提出"坚持市场主导"，"发挥企业主体作用"。政府已经明白了，企业家们赶紧回位吧，不然利润的"大头"都被别人挣跑了。

再说检验，说白了就是质量问题。中国也产自己的智能马桶盖，功能也一样，为什么要去日本抢购？还是对产品质量不信任。怎么正名？这已经不是加大投入就能解决的，这是态度问题。我们缺乏精益求精的"匠人精神"。不少制造业老板的目的是挣钱，潮流一变马上转到其他更挣钱的行业中，今天还在做胶鞋，明天跑去做轮胎，压根就没想做成"百年老店"。除此之外，我们同样缺乏的还有熟练的产业工人，因为大多数工人的目的是挣钱而非在岗位上精益求精。态度要怎么解决？只能依靠制造业文化的回归了。

问题说完了,最后畅想一下:期待中国制造业早日回归,让日本人、美国人、德国人也来抢购纯中国产的马桶盖、手机、剃须刀、飞机、大炮……

2015 年 4 月 2 日

天时　地利　人和

亚投行的"朋友圈"人气爆棚，出乎意料而又在情理之中，因为"一带一路"倡议集聚了天时、地利与人和。其中，一个重要原因是美国"竭力倾心"地帮中国"拉拢朋友"，"铺平道路"。

过去一年里，美国轻松地把欧盟和俄罗斯打倒在地，导致欧元暴跌，卢布危机。美国通过引爆乌克兰乱局逼迫俄、欧"互殴"，俄、欧经济因此都遭受了严重的负面影响。之后美国的信用评级机构借势下调了欧盟国家的主权信用评级，紧接着希腊政局开裂，欧元应声下跌。俄罗斯和普京勉强扛住了第一轮美国联合欧洲国家的制裁，却被油价暴跌打得嗷嗷直叫，接着大量资金外逃。在这样的局势下，面对"一带一路"倡议引发的巨大经济效益，无论是出于谋略还是无奈，欧洲国家和俄罗斯都只得向中国靠拢，希望搭上亚投行的"大车"。

但在面对中国时，美国却强悍不起来了。2009年，眼看着中国—东盟自贸区要成立，希拉里喊出了一个口号"重返东南亚"，喊了半年以后，中国—东盟自贸区顺利建成了，中国外交部回应了美国人一句——

南海是中国的核心利益！接着，中国开始拉日本和韩国进行自贸区谈判，奥巴马一看就急了，于是又喊了个口号"重返亚太"，喊了两年以后，中韩自贸区又建立起来了。现在，随着南海填海建岛步伐的加快和中国—东盟之间铁路互联互通的建设，中国辐射整个东南亚的实力将结构性提升，希拉里如果再想重返东南亚，恐怕只能以"游客"身份来了。

在美国进攻中国后院不利的同时，中国却在美国后院扎根。2013年，习近平访问中美洲、北美洲，奥巴马请习近平去他家坐一坐，送了个双人椅给习近平，那意思可以被解读为"咱俩以后平起平坐好不好？"实际情况却是，一年以后，尼加拉瓜运河开凿，习近平再访拉美四国，目标很简单，中国意做南美第一大贸易伙伴！美国无奈，只好开始搞好和古巴的关系。古巴是铁杆反美派，美国如果不能化解与古巴的矛盾，就不可能真正跟南美国家建构合作关系。以前中国在拉美地区动作少，美国有控制力，为了显示自己的强大自然要制裁古巴。现在，中国对拉美地区开始全面布局了，奥巴马不得不对古巴示好。

以前，为了封堵中国西进和南下，美国设置了三道重要障碍：阿富汗、索马里海盗、马六甲海峡。其中，索马里海盗老实多了。而三个负责管理马六甲海峡的国家当中，马来西亚2014年连续损失了三架飞机，两家航空公司都要破产了，个中缘由让马来西亚对华态度友好化。最重要的是，2015年来临之前，美国撤出了阿富汗，意在以守为攻。但接着，美国在"战略布局"方面的巨大挑战出现了。之前，美国凭着阿富汗这个堡垒可以阻止中国西进中东，可现在这个堡垒没有了，中国西进中东再无阻碍，"一带一路"随即顺势高调推出。

从这个角度而言，"一带一路"顺应了天时、地利与人和，不得不说是中国作为有影响力的大国在政经方略上的体现。虽然前路仍然有诸多不确定的因素，但"一带一路"有望为中国开辟一条宽广的新航道。

2015 年 4 月 9 日

上一堂"慕课"

当下最抢眼的现象是股市的火爆，而最火爆的头牌就是曾三百多"大洋"的全通教育。

学生坐在教室里听课，是教育的常态。几年前，你是否设想过，或许有一天孩子坐在家里鼠标一点，就能随时听国内外优秀老师上课？

1962年，美国发明家和知识创新者Douglas Engelbart提出来一项叫"增进人类智慧：斯坦福研究院的一个概念框架"的研究计划。这个计划提倡个人计算机的广泛传播，并解释了如何将个人计算机与"互联的计算机网络"结合起来，从而形成一种大规模的、世界性的信息分享的效应。这也就是"慕课"（MOOC）的雏形。

MOOC是在"互联网＋"中出现的在线课程开发模式，它发端于过去的那种发布资源、学习管理系统以及将学习管理系统与更多的开放网络资源综合起来的旧的课程开发模式，包含了增强知识传播而由具有分享和协作精神的个人组织发布的、散布于互联网上的开放课程。

这一大规模在线课程掀起的风暴始于 2011 年秋天,被誉为"印刷术发明以来教育最大的革新",呈现"未来教育"的曙光。2012 年被《纽约时报》称为"慕课元年"。

"慕课"打破学校的界限,有可能实现全球的优质教学资源共享,推动教育均衡。2013 年 7 月 8 日,上海交通大学宣布加盟 MOOC 三大平台之一的全球最大在线课程联盟 Coursera,成为加入 Coursera 的第一所中国内地高校,将和耶鲁、MIT、斯坦福等世界一流大学一起共建、共享全球最大在线课程网络。被视为 MOOCs "三驾马车"之一的 edX 也随即宣布新增 15 所高校的在线课程项目,包括北京大学、清华大学在内的 6 所亚洲名校赫然在列。

这场在美国发起的大规模开放在线课程运动,其运作模式已开始在根本上触动传统教育的根基,将引起学校教育的重新洗牌,最终形成全新的学校教育格局。从 20 世纪 80 年代开始,美国学校就一直在热烈探讨,计算机和互联网会不会造成学校基本形态的危机。在美国,"慕课"之热,背后有互联网资本力量的驱动,也是美国学校引领全球高等教育的一种表现。

"慕课"的到来,让先贤"有教无类""得天下英才而教育之"的宏愿越来越近。这将是一场学习的革命,其影响绝不限于学校,对推动继续教育发展,打造灵活开放的终身教育体系,构建人人皆学、处处可学、时时能学的学习型社会，也将具有积极意义。中国教育应因此重新思考自身的使命与责任。

从这个角度看，虽然全通教育也算贵得离谱，但总比一瓶酒当带头大哥要好。

2015 年 4 月 16 日

财政君和货币君

最近听人讲了一个段子，说某部门给决策层汇报经济运行情况，通篇全是严峻形势，然而给领导汇报工作没有亮点似乎过不去，于是找了半天找出来两条：一是农业平稳运行，二是资本市场活跃。

这个段子的真实性无从考证，但经济下行压力却是真真实实存在的。一季度 GDP 增速 7%，虽说勉强达标（2015 年经济增长目标为 7%），但内需的疲软程度超出预期。对于经济下行的原因，估计您看到报纸的时候已经被各种来路的报告分析得面面俱到了，所以这里小祝就不再凑热闹，而是借着这个机会，带您去看看应该发力稳增长的财政君和货币君最近都在"想"什么？

财政君很无奈。为什么这么说？

收入受限。一季度财政收入的主要项目中，增值税和营业税增速仍偏低，企业所得税同比负增长。与此同时，国有土地使用权转让收入也延续了大幅下降趋势，一季度下降 36.1%，再加上对债务平台的约束，这对地方财力来说是个不小的冲击。不过财政对经济的波动来说本来就是一个稳定器,经济增速下滑时政府收入增速会跟着下滑,但是政府的支出增速通常是不下滑的,所以在整个经济下行的过程中,政府支出占整个经济的比重反而在上升,从而对经济起到自动稳定器的作用。所以更无奈的来了,支出嘛也在下滑。其实在去年 8 月份的时候,中国经济就遭受了一次"断崖式"的财政收缩的冲击,公共财政支出的增速突然从两位数水平大幅度下滑到去年年底 0 以下的水平,导致经济增速在去年 8 月份以后突然出现了比较明显的台阶式下降。也就是说稳定器不但没有稳住,而且还加剧了下滑的速度。

货币君很纠结。在目前的经济形势下,货币政策转向宽松是合情合理的,但央行坚持用"继续实施稳健的货币政策,围绕服务实体经济推进金融改革,切实防范化解金融风险"回应市场。其实上周末的大幅度降准,已经意味着货币政策由名义的稳健转为实质的宽松,那为什么央行还不松口,它在纠结什么?请注意看央行表述的后两句:金融改革的推进和金融风险的防范。所以推测今年货币政策除了原先的四个(物价稳定、经济增长、就业充分、国际收支平衡)之外,还添加了人民币国际化(金融改革)和债务清理(金融风险)。

人民币国际化是"一带一路"倡议的重要助推器,维持较高的实际利率是保持人民币强势的前提。目前美国已经进入加息周期,如果我们再大幅度降息,利差的扩大会导致资本的加速外逃。今年一季度新增外汇占款环比减少 2521 亿元,同比减少 1.04 万亿元。因为外汇占款是人民币基础货币投放的重要渠道，所以我们的流动性是收缩的，在这种情况下即使降息，效果也不会太好，而且降息利多地方债务，不利于金融风险的防范，目前降准的迫切性更大一些。整体来看，目前货币政策要同时防范资本外流风险和经济下滑风险，但"放水"会打压人民币汇率，这是克强总理不希望看到的，所以要在外汇市场抛售美元回收人民币，这样一来又加剧了流动性的紧张，还得继续"放水"。这种高难度动作一来一回，怪不得要纠结。

今年政府工作报告中说稳增长的难度会加大，现在看来的确如此。这才一季度刚过，可能只是刚刚开始。

2015 年 4 月 23 日

这个 PE 有点大

前两天，习近平访问巴基斯坦，与"铁哥们"巴基斯坦签署了 50 多项双边合作文件，其中备受关注的丝路基金首个对外项目也在"巴铁"落地。丝路基金采用了股权加债权的方式支持"巴铁"清洁能源开发：一是投资三峡南亚公司部分股权，为该公司吉拉姆河卡洛特水电项目提供资本金支持；二是参与中国进出口银行牵头的银团，向该项目提供贷款。这样看来，丝路基金不仅是着眼于中长期收益的大型基金，还是融合了政策性和市场性的大 PE。那么，这家大 PE 是如何进行"募、投、管、退"的呢？

"募"：广泛。丝路基金注册资本 615.25 亿元人民币，法人股东包括中国进出口银行、国开金融、赛里斯投资和梧桐树投资。后三者的股东分别为国开行、国家外管局和中投公司。强大的国资背景、丰富的投资经验是这些股东的共性。首期 100 亿美元资金中，65％是我国外汇储备，也将成为我国外储走出去的新模式。未来丝路基金的募资来源将对国内外金融机构，以及国际和区域的多边金融机构开放。

"投"：精准。丝路基金的使命是在"一带一路"发展进程中寻找投资机会并提供相应的投融资服务，以促进中国与沿线国家的经贸合作及互联互通，是"一带一路"倡议实施的具体操作平台之一。基础设施建设、资源开发、产业合作等是丝路基金的重点投资领域。

以首单投资来看丝路基金，首先是投资领域精准，"中巴经济走廊"建设就是"一带一路"建设的旗舰，而电力行业则是巴基斯坦政府未来十年发展规划中优先支持的投资领域。其次是投资方式精细，巴基斯坦的电力项目采用"股权投资＋贷款投放"的模式，可与国内外其他金融机构相互配合，通过股权、债权及贷款相配合的多元投融资方式，为一些可以在中长期实现稳定回报的项目提供更多融资选择。

"管"：有效。丝路基金的管理团队需要复合型人才，不仅要懂投资、金融，还要懂工程、基建，国际关系和外语能力也是必备素质，这样才能综合搭建有效的管理网络。其中顶层设计偏重融资结构、财务管理、战略布局和风险总控，旗下或将设立子基金，一是有利于搭建专门团队，二是有利于财务核算，建立高效的激励和考核机制。

在项目管理中，一方面借力中国企业的人才优势、行业优势、技术优势和海外投资经验，实现对外投资风险管控。例如三峡集团就是以大水电为主的清洁能源开发、建设、运营的领军企业，在国内外享有良好声誉，并已经在巴基斯坦建立了可信的品牌效应。另一方面，丝路基金帮助企业提高融资能力，加强企业对项目的经营管控能力，支持企业更好、更高质量地"走出去"。

"退"：获益。丝路基金的资金都有相对应的人民币负债，所以丝路基金必须坚持市场化原则，投资于有效益项目，实现合理回报，维护好股东权益。

巴基斯坦项目计划采用"建设－经营－转让"（BOT）模式运作，2015年底开工，2020年投入运营，运营期30年，到期后无偿转让给巴政府。巴政府则承诺该项目的投资人在回收合理建设成本和运营成本的前提下获得较好的投资收益。

除财务收益外，社会效益也是丝路基金的目标。水电项目建设将有助于缓解巴电力供应困境，促进巴经济发展、民生改善和社会稳定，这是践行中国与"一带一路"沿线国家共同发展、共同繁荣的体现，也是"大 PE"应有的大国属性。

2015 年 4 月 30 日

方舟上的马桶盖

电影《2012》中，人类生存的最后希望——方舟——是中国制造的，台词是只有中国才能够在如此短的时间建造这么庞大的项目。虽然在某种语境中被认为是嘲讽，但事实上，中国制造确实提高了全世界的福祉，并成为中国经济高速增长的核心动力。

大到轮船、机车、工厂装备，小到纽扣、吸管、笔芯，中国有200多种工业产品的产量和出口量都居世界第一，有几十种产品的出口占到全世界出口总量的70%以上。

可是今年春节期间，很多中国人不远千里跑到日本，不辞劳苦捎马桶盖和电饭煲回来，引起了社会舆论对中国制造的诟病。

我们用着进口的装备，雇请外国技术专家和管理者，按照国外的标准生产产品，贴上跨国公司的标签，直接运到国外，这是中国制造在过去很长一段时间最愿意也是最常见的方式，而随着土地、劳动力、资源、环境等要素成本的迅速提高，这种发展方式已经走到尽头。

而高端制造业尽管发展很快，可跟欧美等发达国家相比仍有差距。

现在中国的工业处于中间地带，受到两头挤压。获得技术，将技术转化为产品，再成为具有市场竞争力的产品，整个过程需要技术转化和转移的畅通机制、成熟的人才市场、公平的市场环境、诚信的交易体系等，而这些是当前中国制造业乃至市场经济体系中的短板。

近年来，以高铁、通信、变电技术等为代表的中国企业正以高技术、低价格的优势赢得国际认可，"中国制造"逐渐向"中国智造"蜕变。

在今年的政府工作报告中，李克强总理针对产业发展提到了一个新概念：中国制造2025。他指出，要实施"中国制造2025"，坚持创新驱动、智能转型、强化基础、绿色发展，加快从制造大国转向制造强国。采取财政贴息、加速折旧等措施，推动传统产业技术改造。

目前，"中国制造2025"新政已经处于倒计时阶段。接下来"中国制造2025"持久战，会有这样一批企业出现：它在国际分工中处于关键的环节，既能出口产品，又能输出技术、输出资本，成为具有国际竞争力的跨国企业；不仅仅能出口产品，还可以到国外兼并；不仅仅是进口技术、引进技术，还能够出口技术，能够与世界上同类的企业同台竞争。

这样一来，从拯救人类的方舟的主体结构、核心部件，到电饭煲、马桶盖之类的小配件实现自主品牌全配套，也就不算啥奢求了。

2015年5月7日

速度与激情

不知道各位有没有去影院看《速度与激情7》,惊险场面加上3D特效给人带来了不小的观影震撼。不过,小祝觉得这还不够,因为咱们现实生活中还有比《速7》更速度、更激情的东西,没错,就是A股。

首先看速度。自从去年下半年牛市启动以来,A股市场就从前几年全球金融市场涨幅榜的后进生一跃成了尖子生,特别是创业板指超过100%的涨幅"牛"冠全球。不单涨幅,调整的速度也很惊人。上周二A股大跌,沪指在周一低开高走至4500点下方后,当天大跌4.06%,破4300点。周三上午市场在创业板的带动下大幅反弹,沪指涨幅一度达到1.7%,本以为柳暗花明,怎知午后风云突变,市场跳水,各指数均出现大幅回落。"上调印花税""两融整治"等传言四起,虽最后都被澄清,但资金已是杯弓蛇影。到了周四,股市继续低开,沪指再现百点长阴,哀鸿遍野。眼瞅着奥利奥都快变"奥买嘎"了,周五人民日报跳出来安抚,曰此乃快慢牛换挡,卿等莫慌,于是乎各路英雄纷纷"横刀立马","为国接盘",股市暴力反弹,最终收盘收复4200点。这速度跟坐过山车似的，说是上午在电脑前看 K 线图，下午在医院里做心电图，一点儿也不为过。

再来看激情。自这轮牛市行情开启以来，新入场者汹涌，老股民们澎湃。据某财经网站调查显示，有 30.2% 的股民每天不交易就不舒服；有 67.5% 的股民无时无刻不心痒痒去查股价；有 28% 的股民做梦梦到自己股票暴涨或暴跌；有 16% 的股民倾向于辞职回家炒股。而且有了融资融券，钱不够了还能借。说是两融，实际上就是融资，在 1.83 万亿元的规模里，融券才 90 亿，零头都不到。"90 后"算什么，小学生都炒。熟人见了面什么都别说，"够兄弟的先给咱推两只股票"。

当然，小祝在这里不是来推票的，作为一名研究宏观经济的"小鲜肉"，深感脱离经济基本面的股市实在让人难以捉摸。但值得注意的是，虽然企业盈利能力降至 2009 年以来最疲弱水平，但决策层似乎有意维护牛市的格局，这和以往是不太一样的。所以这里斗胆推测，在当前经济下行压力增大的背景下，决策层眼中牛市对经济的重要性提升。

首先，股市相关的金融活动可以直接创造 GDP。股市的交易量与金融行业的产出有较高的相关度，强劲的股市可通过提升金融行业的收入推动 GDP 增长。今年一季度股市交易量同比增长 240%，金融行业产出增速上升 6.4 个百分点，按照金融业在经济体中 7.4% 的权重，单这一升幅就能创造 0.5 个百分点的 GDP。

其次，股市的财富效应或将拉动消费。按照经济学的理论，股票价格的上涨通常会使投资者财富增加，金融安全意识增强，继而刺激消费开支增加，被称为"财富效应"。通过实证检验，沪指变动1个百分点，消费就变动0.02个百分点，呃……弱是弱了点，"挤出效应"有点大，不过总归是正向的。

再次，股权融资规模提升有利于推动结构性改革。最近每个月总有那么几天是打新的日子。与推高整体杠杆率的债务融资相比，股权融资不存在刚性兑付，可以更有效地将风险分散给投资者，有利于金融系统的结构性改革。当前强劲的股市给新股提供了良好的发行环境，去年一季度非金融企业境内股票融资占社融总量的比例为1.74%，全年为2.64%，到了今年一季度则增长至3.93%。

最后小祝想说的是……股市有风险，入市须谨慎。

2015年5月14日

万万没想到，万万在一起了！

5月14日，61岁的王健林和50岁的郁亮一同举起红酒杯，这个情景标志着国内商业地产龙头万达集团和住宅地产龙头万科集团正式开启了战略合作关系。这是今年继"中国神车""中国神油""中国神船"大整合概念之后的又一幕强强联手大戏的高调上演。

"中国双万"——万科和万达的缘分不仅在于两家公司都姓"万"，两家公司的创始人王石和王健林都姓王，还在于一家公司早期在中国南方地产界称王，另一家在中国北方地产界称王。而现在，万科在住宅地产领域称王，万达则在商业地产领域称王。相识了20多年的"双万"门当户对，且现阶段双方的战略转型不谋而合，它们相信合作能对彼此产生1+1远大于2的效能。没吃葡萄的潘石屹认为两家缺乏互补性，会做的都会做，不会做的都不会做，质疑合作的必要性；而吃过葡萄的融创和绿地已经散伙，各奔前程。不知巨头"万万"的结合会成为房地产业结盟的经验还是教训。

与绿地和融创成立"融绿平台"不同的是，万达与万科相对独立，在顶层将共同组成由双方集团高层担任领导的联合协调小组，在基层将对各个项目成立项目小组。未来的合作主要通过联合拿地、合作开发的形式来进行。万达投资项目中的商业部分，万科开发项目中的住宅部分，发挥各自优势。双方在设计、工程等技术领域可相互交流学习。"双万"合作后，可共享客户和品牌资源，面对政府的土地议价能力会增强，增加对金融机构的吸引力以降低融资成本。

合作给万科带来的益处在销售层面将会凸显出来，对以住宅开发为主的万科而言，万达成熟的商业模式、无可比拟的引流能力，将有利于万科通过商业用地提升销售住宅的价格。对于万达的益处将集中体现在向轻资产转型方面。从前的万达是"以住养商"的模式，对物业销售依赖性极强，营收大部分来自房产销售，而不是物业租赁和管理。向轻资产转型后则着重运营商业地产，从运营中获取相对稳定的盈利，摆脱销售模式。相比万科从住宅专业化转型城市配套商，万达则希望成为一家综合商业投资服务商。总之，"双万"的合作可以使万达实现在商业资产上做减法，加速推进轻资产战略；而万科可借助万达拿地优势和商业运作优势，进一步压低成本，提升住宅项目销售溢价。

"双万"从竞争走向竞合，不是简单的抱团取暖，而是把双方的核心竞争力取并集，充分发挥各自的优势，把万达在商业地产和文化旅游的优势，与万科在住宅地产的精细化管理、成本控制和物业口碑的优势集结在一起，形成新的行业增加值。跑马圈地、野蛮生长的房地产黄金时代已悄然成为过去,"双万"合作所彰显的行业白银时代已经到来。在中国房地产市场进入供需基本平衡的新阶段,房地产企业着实需要新思维、新模式。

"双万"的合作并非没有潜在风险,文化融合是最难的合作议题。"双万"的文化既不相同,也不相通。从根本上来讲,万达还是老板文化,万科是职业经理人文化,这两者的性质决定了企业结构和治理观念的不同。双方的合作如果因文化差异而产生阻力的话,谁做主板,谁融合谁,将是一个巨大的课题,我们拭目以待。

2015 年 5 月 21 日

并购风口

据说地球上只有三类企业：有本事的去并购，有价值的被并购，啥也没有的只能等死。

5月20日，中国北车终止上市，其股票按1∶1.10的比例并入中国南车A股股票，这意味着备受关注的南北车合并即将走完最后的流程，中国神车将在不久后正式诞生。但是中国神车似乎不在那三类之列，这是我们的特色。

不久之前，"真言高见"曾经感慨万万没想到万达集团与万科集团联手达成战略合作。尽管万达与万科的合作同南北车的合并属于不同性质，但是两者的出发点并无二致。

目前我国经济属于全球化下转轨中的新兴市场经济，中国企业当前面临生存与发展的大势，必须以战略性并购重组推进企业、产业乃至经济体制的改革与升级。这一历史时期的特色决定了并购重组在我国有着巨大的意义和价值。

并购重组，是指企业基于经营战略考虑对企业股权、资产、负债进行的收购、出售、分立、合并、置换活动，表现为资产与债务重组、收购与兼并、破产与清算、股权或产权转让、资产或债权出售、企业改制与股份制改造、管理层及员工持股或股权激励、债转股与股转债、资本结构与治理结构调整等。在市场上，投资人发现被低估的企业进行收购以及诸多有发展潜力的企业通过并购重组进行主营业务调整，都会提升上市公司质量，改善产业结构。

日前，国务院批转发改委《关于 2015 年深化经济体制改革重点工作的意见》，将国企改革从去年的第四项工作升格为今年的第二项任务。同时，此前一直以"1＋N"来表述的概念，在今年的国企改革意见中，也演变成了"1＋15"。也就是说，围绕深化国有企业改革指导意见的相关配套文件、配套办法、配套措施已经基本到位，国企改革也将正式步入全面推进阶段。

过去 30 年中，在出口导向的经济政策和全球化产业分工的影响下，中国成为"世界工厂"。我们的制造业产能是依据全球发达国家的需求规模建立起来的。而这 30 年中，发达国家消费水平在危机爆发之前达到了顶峰，也不可持续。实际上，金融危机正是对产能失衡的一种惩罚。解决问题的唯一办法就是并购重组，恢复产能均衡。

国企改革中最为引人注目的，也正是国企资源通过并购重组实现重新整合。国资委官方微博"国资小新"透风说："如今，中国企业正在迎来与全球企业接轨的重组时期，兼并、分立、剥离等各类重组动作的频率都会升高，由内而外地革新将引导企业做优做强做大。而未来很长一段时期内，在国家战略、市场规律双轮驱动下，具备竞争对手国际化、产业发展有潜力等条件的企业之间的强强联合将会适时出现。"

随着一体化进程的深化，全球化资产配置成为必需，而金融危机拉低了全球资产价格，给中国企业创造了介入契机。据统计，民营企业已成为海外并购重组的主力军，2014年全年交易数量是国有企业的两倍多，交易额同比增长达94％。民营企业海外并购活动专注于高科技、电信和零售等行业，积极寻找技术、知识产权和品牌购买机会，并更多寻求多元化投资机会。未来民企将继续在海外并购市场扮演重要角色，然而，鉴于资金实力、谈判能力等多种因素的局限性，很多国家级别的投资与合作，尤其是涉及能源领域、基础建设领域以及航空航天等高科技领域的投资与合作，只有国有企业才有相应的实力与信用资本，民营企业尚无力进入。

中国企业，无论其所有制形态如何，都正在迎来与全球实现真正接轨融合的重组时期。

风来了，不是吹皱一池春水的风。

2015年5月28日

人民币出海

其实这个题目一开始我是拒绝的,因为关于人民币,从个人感情角度讲,连"门"都不想让它出,更别说是"海"了,像貔貅那样只进不出才是最好的。不过,从国家的角度讲,就另当别论了,在全球范围内投融资、对全球财富进行再分配,触角伸向全球的金融市场,还有那"杠杠"的铸币税,光想想就很激动。

不过,虽然发行国际货币所能得到的收益可观,但并不是任意国家光凭想就能够达到的。货币的国际化对发行国综合国力和宏观调控能力都有很高的要求。最优化货币理论之父蒙代尔认为,一国货币要国际化,主要取决于人们对该货币的信心,而这又取决于以下因素:该货币流通或交易区域的规模、货币政策的稳定、货币发行国的强大、没有管制。除了最后一点,其他的我们都已经具备了。

为什么要没有管制?这得从货币国际化的路径说起,其按照职能可以分为:跨境流通、计价和结算、价值储藏三个阶段。简单地说,就是首先要有,再要能用,最后别人觉得好用了再当宝贝似的收着。截至

2014年11月，与我国发生跨境人民币收付的国家达到174个，跨境货物贸易人民币结算占同期海关进出口的比重超过15%，人民币成为世界第五大支付货币。我们已经基本完成了前两个阶段，进入第三阶段——价值储藏。再回到管制上，目前我国的资本账户仍然没有开放，所以现在人民币"出海"是要受到管制的，出入不自由，叫别人怎么"藏"？

今年以来，可以明显地看到，人民币国际化的步伐在加快。但是，这最后一步怎么走，走多快，又成了难题。

从目前的形势来看，我国的人民币国际化战略面临着难以回避的困境。首先，为了稳定经济增长，要保持稳定的汇率环境，资本项下的开放步伐不宜过快，而资本项不能自由兑换，就意味着人民币不可能尽快或是真正意义上实现国际化。因为人民币真正国际化就必须实现完全的自由兑换，这意味着资本项下的管制要完全放开。但资本项完全放开则意味着汇率水平基本只能由国际和国内的市场供求决定，"有管理的浮动汇率制度"的"管理"就无从谈起，这是现阶段中国经济难以接受的，"蒙代尔不可能三角"的威力还是很强大的。

其次，货币国际化除了能放得出去，还必须能收得回来。美国放出了美元，可以通过卖波音飞机、苹果和微软的软件收回，可以发美国国债收回。我们呢？靠卖衬衫吗？靠香港的那一点儿人民币国债吗？在条件不成熟的情况下，强推货币国际化，结果可不会太好的。

但如果就此放弃对人民币国际化的追求，不仅不利于"一带一路"

"中国制造 2025"的推进和经济的长期发展，而且面对世界经济格局和国际货币体系格局的变化机遇，人民币再"孤芳自赏"就太说不过去了。

所以在短期内，不能期望人民币的完全国际化，而是逐步的区域化（或是周边化），在这过程中尽可能提供更多的空间，以衔接未来汇率市场化和资本项下完全开放的改革。亚太自贸区、"一带一路"、金砖国家开发银行、亚洲基础设施投资银行、丝路基金等区域经贸与金融合作机制的推进，将会为人民币区域化开辟更广阔的空间。

人民币的国际化不像其他，比方说东北小花袄，穿着去趟戛纳就算国际化了。人民币的国际化是一盘棋，每一步都在博弈，既不能操之过急期望过快，也不能无所作为听之任之。很复杂，不说了，想静静。

2015 年 6 月 4 日

泡沫游戏

2014年,一首叫作《泡沫》的歌曲不仅火了一个歌手,中国股市也是从那时起就像打了鸡血,忽忽悠悠地冲了起来。上证综指从2014年6月10日的2052点不带歇脚地一口气涨到2015年6月10日的5106点,两市成交额从1600亿元飙到2万亿元。

吴晓波在他《疯了》的文章中说:"中国目前的资本市场正处在一个非理性繁荣的抛物线通道中。这应该是近十年来最大的一次资本泡沫运动,所有试图置身其外的人,都不出意外地将成为受伤者。很多人都在猜测它的拐点什么时候到来,而更多的人则被这条抛物线刺激得尖叫和奋不顾身地投入其中。"

其实,股市投资人都是在猜测他人决策的过程中做出选择,而在信息不充分的状态下,多数人会放弃利益最大化,主动选择利益最优化。所以,牛市的启动通常不是绩优股领涨,而是在"异类股"飞涨之后跟进。此外,在股市整体估值水平上升之时,投资人又会自发地流向一个又一个"价值洼地",从而驱动不同板块轮番上升,以实现均衡价格。

在这种相互猜测的行为中，市场会在某一阶段形成"共识"：或者群体看空而驱动股市狂跌，或者群体看多而驱动股市疯涨。此时的理性决策者往往由于不够"疯狂"而踏空，直到"远离泡沫"的机会损失达到忍无可忍之时他们也选择了"疯狂"，股市进入"非理性繁荣"也就是"泡沫"阶段。

任何一个股市，总是会不断出现泡沫的产生和破灭，因为投资人相互猜测的行为永远会产生不同的想法。英国数学家贝叶斯很早就提出"贝叶斯信念"，股市投资人的"知道"其一是自己知道什么，其二要猜测别人知道什么，其三还要猜测别人知道自己知道什么。在这样的"贝叶斯信念"中，市场投资人的"知道"永远具有相对性：人们都知道股市泡沫迟早破灭，却都不想放弃泡沫升腾的快感，所以随时准备在泡沫破灭时跑得比别人更快。吴晓波说："我们在急切地寻找下一个暴风科技到来的同时，更担心真正的暴风雨越来越近。"人这种动物只有在玩儿的时候才会主动承担风险，而玩有风险的游戏才会让人性的本能缺陷暴露无遗。股市泡沫何时破灭的问题永远是一个博弈论的"贝叶斯信念"，即使曾被捧为美国英雄的格林斯潘也为担任美联储主席时未能戳穿当时的网络泡沫而承受了巨大压力。他在 2002 年 8 月的一次演讲中为自己辩护说："要想明确判断一个泡沫是很困难的，除非它用破灭证明了自己的存在。"

苏格兰诗人、记者和歌词作家查尔斯·麦基的《非同寻常的大众幻想与全民疯狂》，被称为描写人类社会群体迷失现象的经典之作。书中除了对 1636 年荷兰的"郁金香疯狂"、1720 年英国的"南海泡沫"和 1720 年法国的"密西西比阴谋"这三次金融投机狂潮的故事作出了生动翔实的记述外，还收集了大量从圣物崇拜、先知预言、炼金术、占卜术、催眠术士、"巫女"迫害、凶宅传言，直到十字军东征这类群众性癫狂从幻想走向幻灭的历史故事。在他看来，泡沫本质上是贪婪与梦想的综合体。"每一个大泡沫运动，要么成为一个更大的泡沫或衍变成若干个泡沫组合，要么沉淀为社会、经济转型的动力，要么直接冲向破灭的悲剧。"

最近有个段子，说当泡沫来临时，存在两种人：一种人不断地指责这是泡沫；另一种人坚决参与泡沫，享受泡沫。前者越来越聪明，后者越来越有钱。

多么希望自己既越来越聪明又越来越有钱，那让其他人怎么活呢？——该吃药了。

2015 年 6 月 18 日

致 A 股的一封信

亲爱的 A 股：

您好。

感谢您在百忙之中阅读此信，我们都知道您最近大起大落得很忙，请您一定要注意身体，健康才是最重要的。自我介绍一下，我是在中国注册、海外上市股票的统称，昵称为"中概股"，我的很多姐妹，像阿里、百度她们，都是很知名的，相信您并不陌生。

首先在这里要恭喜您，您最近的表现真是抢眼，虽说上周出现了一定的调整，但仍无法掩盖您牛市的光环。我们人在海外，但根仍在祖国，所以您就相当于我们的娘家。娘家好，除了脸上有光之外，也燃起了我们回归内地资本市场的渴望。

据我收到的消息，今年 4 月以来，已经有超过 10 个姐妹收到私有化要约。仅 6 月 10 日一天，就有世纪互联、人人公司、易居中国三家宣布接到私有化提议。6 月 17 日，作为国内互联网巨头的奇虎 360 也宣布收到私有化要约，成为这轮回归热潮的重量级案例。

有人说我们是衣锦还乡，也有人说我们是衣"紧"还乡。关于这一点，我想与您说说贴心话，也是我这次写信的目的。

衣锦还乡倒谈不上，当初选择海外上市也是冲着人家的名气和环境去的，现在国内的环境更吸引人，想回来也是情理之中。本届政府上台以来，不遗余力地推动经济转型升级，李克强总理提出的"大众创业，万众创新"尤其令我印象深刻。这一战略的实施需要金融体系特别是资本市场对创新型企业提供有力的融资支持，近期的政策脉络也清晰地展示了管理层的态度。5月7日，国务院公布的《关于大力发展电子商务加快培育经济新动力的意见》明确提出，鼓励符合条件的互联网企业在境内上市。6月4日国务院常务会议审议通过了《关于大力推进大众创业万众创新若干政策措施的意见》，明确了要推动特殊股权结构类创业企业在境内上市。就在端午节前，工信部发布公告，宣布在全国范围内放开经营类电子商务外资股比例限制，外资持股比例可达100%，这意味着电商类中概股可以不必拆除VIE架构直接回归。我们中不少就是凭借着创新才能够顺利在海外上市，所以我觉得您是需要我们，也是愿意让我们回去的。

对于衣"紧"还乡，的确有些姐妹在海外市场水土不服，也有些是因为自身不过硬，被国外监管机构拿来做文章，"混"不下去了所以想回家。对于这一点，我对您有信心，您这些年监管越来越完善，眼睛越来越亮，肯定一下就辨别出来了，大可不必担心。

关于您真正担心的，我也猜到一些。正所谓无利不起早，当前您和海外市场在新兴行业领域特别是互联网领域的估值水平差异太大，只要回到您这儿就可以直接提升公司估值水平，进而为股东带来"短平快"的收益。目前在海外像百度、腾讯、阿里这样的也就给个25~35倍估值，其他中小型公司给个20~30倍估值，而您这创业板平均市盈率接近100倍。暴风科技上市后多达29个连续涨停，市值达到369亿元，将优酷土豆55亿美元(约合343亿元人民币)甩到身后。面对现在这种"人傻钱多"的气氛，您怕看到的不是您希望回归后形成的公司良性发展和创业浪潮兴起的盛宴，而是少数股东利益满足后留下一片狼藉的"剩宴"，这一点我也是很明白的。

怎么说呢？不论是衣锦还是衣"紧"，盛宴还是"剩宴"，希望您不要太纠结，借助资本市场大力发展新兴产业才是您的初衷，不是吗？

最后，祝您牛市长"红"。

日夜思念您的中概股
2015年6月25日

蚂蚁汇大象　金融幻无形

上周末到本周初，中国股民的心脏经历了最严酷的考验。周四周五两天的暴跌让股民们体验了"生活大爆炸"，周末的央行降息降准让大家喜极而泣，深感"世上只有妈妈好"，而周一的巨幅震荡下行让股民陷入比绝望更深的"冰点"，而周二的绝地反击让许多爬上"天台"的人唱起了"中国红"，实现了 72 小时的"黄金救援"。

这其中的奥秘众说纷纭，真相究竟如何我也触摸不到。不过，"散户"在中国股市中的作用不可小觑。在整个金融领域，民营金融的参与力量也不同以往。一只只小蚂蚁汇聚成大象，金融的边界也在跨界经营中变得模糊。

最著名的蚂蚁，叫作蚂蚁金服。这只蚂蚁看似渺小，实际上却是支付宝的母公司，是阿里巴巴集团金融业务的旗舰。它不仅拥有传统金融领域的银行、证券、保险、基金牌照，还有 P2P、股权众筹等新兴金融板块，已然成为全牌照金融服务集团。

在银行传统的"存、贷、汇"三块业务中，支付宝率先占领"汇"

这块阵地，余额宝在"存"上发起进攻。在"贷"的领域，芝麻信用分和花呗负责个人信贷，一达通则是企业贷款业务的主要承载者。而新成立的网商银行，让蚂蚁金服的银行业务成为正规军。在证券领域，蚂蚁金服收购了长江证券，获得了投行业务牌照，又收购了在香港上市的瑞东集团，拥有了香港地区的经纪业务资格。支付宝钱包亦上线了股票应用，当客户积累到一定程度时，即可从该入口直接对接券商。在保险领域，不仅拥有打着"三马卖保险"旗号的众安在线，也有并无牌照的"淘宝保险"，在传统寿险、养老险和健康险领域圈地。在基金领域，自有的天弘基金不仅拥有7000多亿元的货币基金，还开发了指数基金"容易宝"等产品，旗下还有表现可圈可点的基金子公司天方资产。在P2P领域，蚂蚁金服投资设立的网金社正式上线。招财宝平台则提供了"变现"功能，利用已有的金融产品作为抵押，生成个人贷款，相当于有抵押的P2P。

从这些领域不难看出，蚂蚁金服的整个构架就是基于支付宝的蔓延。从一点点小微做起，在极短时间内汇聚成完整的产品线，提供给客户一站式服务的体验。而一些看似单独做效益不高的产品，也在跨界经营的过程中边界被模糊化、延长化，形成了横纵交错的集团合力。

这样的一家企业，服务的客户数比任何一家金融机构都多。仅余额宝一项，至2014年底的开户数就达1.84亿户，覆盖客户数相当于近半个工商银行，大于3家招商银行。传统金融业最大的经营课题就是客户获取，为积累客户不惜重金建设网点。而余额宝仅仅用两年时间就轻易颠覆了传统银行几十年的客户投资，而且其用户覆盖面还在互联网的创新中不断延伸。

因此，传统金融业在民营金融与互联网金融的冲击下，不得不选择"触网"来跟上时代的步伐。"互联网＋金融"中最重要的是用户，而用户的积累不仅需要好的产品，还要有丰富的支付场景，更要有良好的用户体验来形成用户习惯留住用户。现在许多互联网金融企业争夺应用领域，都是在争夺金融场景，这些应用既是金融功能的延伸，又能为整个金融体系创造新的用户。同时，跨界经营带来的一站式服务，增加了用户黏性。在用户共享、数据共享的基础上，"互联网＋金融"再加各个场景上的覆盖与创新，恐怕就是金融进步的前进方向。

2015 年 7 月 2 日

希腊的"王炸"

星期天，高达 61.3% 的希腊人对欧洲债权人提出的条件说"No"，希腊在总理齐普拉斯带领下用公投这枚"王炸"发出对欧盟"造反"的正式宣言。

2009 年 10 月，希腊新任首相乔治·帕潘德里欧宣布，其前任隐瞒了大量的财政赤字，随即引发市场恐慌。经过 5 年痛苦的政策性紧缩以及与债权人 4 个多月的扯皮，2015 年 6 月 30 日晚 12 时，希腊欠的 IMF16 亿欧元债务最终到期。拥有古老智慧和现代文明的希腊成为世界上第一个进入"欠债俱乐部"的发达国家，这也是 IMF 历史上遭遇的最大规模国家违约事件。欧洲一体化建设从未遇到过这样的挑战。对欧盟来说，对雅典实施容忍政策，等于鼓励"赖账"和"造反"，会产生长远的恶劣影响。但如果为严肃"盟规"将希腊逐出欧元区，将使一体化出现重大硬伤，也算得上是欧盟的第一次倒退。

随着欧洲区域一体化的日渐深入，以希腊为代表的一些经济发展水平较低的国家，在工资、社会福利、失业救济等方面逐渐向德、法等发达国家看齐，支出水平超出国内产出的部分越来越大。工资及各种社会福利在上涨之后难以向下调整，导致政府与私人部门的负债比率节节攀升。此时，已经背负巨额债务的政府，其进一步借贷的能力已大不如前，当巨额的政府预算赤字不能用新发债务的方式进行弥补时，债务危机就会不可避免地爆发。

然而，为了在大选与民意调查中取悦民众，政府采用"愚民政策"，采取了"饮鸩止渴"的行为。例如，希腊政府在2009年之前隐瞒了大量的财政亏空。在危机面前，政府首脑过于畏首畏尾，不敢采取果断措施将危机扼杀于"萌芽状态"，导致了目前欧元区危机升级的局面。

这里不得不提的是，国际炒家的投机诱发并加速了危机。10年前，高盛公司帮助希腊政府掩盖真实债务问题而加入欧元区；2002年起，诱使希腊购买其大量金融衍生产品，导致当前债务危机；危机后，大肆沽空投机欧元，在金融衍生品的助涨下，希腊贷款成本飙升，危机被放大蔓延至整个欧元区。

多年的经济萧条使越来越多的希腊人反感"紧缩改革"，大多数希腊人希望以"快刀斩乱麻"的方式卸下债务负担、回归体面的生活。个人的痛苦感受已转化为社会认同的危机。普通民众终日为满足生活基本需要而奔波劳累，政府为满足三驾马车的要求而亦步亦趋地改革。对此，一些希腊人心怀屈辱之感，他们认为自己就像"实验室里的小白鼠"。这也是2015年1月宣称执政目标是"终止紧缩改革、减免希腊债务、恢复经济增长和重拾民族自尊"的激进左翼联盟上台的社会基础与日后执政时手中屡试不爽的"王炸"。然而，民族与民粹主义并未并且最终也不能挽救处于危机旋涡中的希腊人民。

希腊危机因其经济和政治问题的相互交织而呈现复杂和曲折的特质。在解决希腊危机这个问题上，无论是希腊政府还是以欧盟为主体的国际债权人已越走越远，背离了解决问题的根本。齐普拉斯坚称，国际债权人的紧缩改革方案违背了希腊的利益，只会恶化经济形势、损害希腊人民福利甚至带来人道主义危机。而欧盟等债权人坚持认为，债务必须偿还，接受救助必须满足条件，否则将破坏欧元区的稳定，甚至危及欧洲一体化的大业。半年来，双方在债务减免问题上始终相持不下，都有充分和正当的理由。

一边是公理的"王炸"，一边是民意的"王炸"。其实要知道，玩家双方如果都有王炸，除了两败俱伤外，跟没有一样。

2015年7月9日

人间蒸发

最近股市大幅调整,有不少朋友问,都说股市蒸发多少多少亿元,这些钱真的人间蒸发了吗?

要解决这个问题,需要弄清楚货币的基本职能。这里要用到的是货币的价值尺度和支付手段。前者是用来衡量和表现商品价值的一种职能,并不需要现实的货币,只需要观念上的货币。支付手段是货币作为独立的价值形式进行单方面运动(如清偿债务、支付工资和利息等)时所执行的职能,必须是现实的货币。

如果从价值尺度来看,股市的钱的确是"蒸发"了。打个比方,小祝有一家上市公司"祝氏股份",发行一亿股,每股10元,股民老张账上有1万股,成本10万元。现在股民小高账上有1万元现金,如果她用每股10元的价格买了1000股,一切都还是原样,但是,现在"祝氏股份"增加了"互联网+"概念,PE增长了9倍,股价也增长了9倍,小高只能用每股100元的价格买100股。这个时候,虽然小高账上的资产仍然是1万元,但老张的资产已经从10万元变成了100万元,而"祝氏股份"的市值也从 10 亿元变为 100 亿元。为什么小高的 1 万元能够带来如此多的财富？因为股票也是商品，小高赋予这项商品的价格使商品持有者的资产进行了重估，但这都是观念上的资产，不是现实的货币。

假设这时候老张把他的 1 万股卖了，使货币执行了支付手段职能，拿到了现实的货币，总计赚了 90 万元。好了，老张卖了之后，小王觉得估值有点高了，90 块卖！老李听说希腊债务要违约了，80 块也卖！小赵看人家都卖，70 块赶紧跑了！然后，"祝氏股份"的市值从 100 亿元降到了 70 亿元，蒸发了 30 亿元！但这也是观念上的货币。所以说，只要股票没变现，就都是观念上的钱。

如果从支付手段来看，股市是个零和博弈。借用电影《华尔街》中的台词：钱这样东西没有减少，也没有增加，只是从这个人的腰包，转到了另一个人的腰包而已。再打个比方，全国股民实际投入股市的钱是 1 万亿元，就算股市市值炒到了 100 万亿元，但如果每个人都变现，那么能变成真金白银的还是这 1 万亿元，当然里面还包括交易成本（现在还包括融资成本）。具体这些钱被谁赚了？应该就是那些在资产重估时及时变现的上市公司、"大小非"们、"投资高手"、游资热钱……

虽然股市蒸发的都是观念上的钱，股市下跌也不代表出现金融危机，出现金融危机也不代表一定会有经济危机，但其之间的传导机制却不可小视。

首先是股市波动在金融体系内部的传导机制。股市中的杠杆资金是本次股市动荡的主要风险因素，融资盘平仓和股指下跌已经形成了相互加强的恶性循环，这在前几年的股市中是不存在的。而作为提供融资主力的券商和银行，当股市下跌到一定程度，连融资盘平仓都卖不掉的时候，也会不可避免地遭受损失，影响金融体系的稳定。

其次，从金融风险向实体经济传递的渠道来看，一是负财富效应，股市攀升带来的财富增量促使消费增长的幅度，远小于股市下跌造成的财富萎缩促使消费萎缩的幅度，从而对消费带来负面影响。二是融资，由于股票融资在社会融资总量中的比重只有3%，融资盘平仓所带来的信用收缩相对银行的整体信用规模不大，所以至少目前融资方面不会因为股市出现明显的收缩。三是情绪和信心，近期人民币离岸汇率的暴跌也可以说明这一点。

虽然目前来看这些风险都尚在可控范围内，但由于存在传导机制，所以一旦忽视，很可能酿成大错。这也是最近政府极力救市的原因。

2015年7月16日

一拍即合

国务院5月发布了《关于推进国际产能和装备制造合作的指导意见》，重点推进钢铁、有色、建材、铁路、电力、化工、轻纺、汽车、通信、工程机械、航空航天、船舶和海洋工程等12个行业，以如此高规格的形式推进产能国际合作，史上未曾有过。

如何让中国企业雄赳赳地"走出去"，让中国气昂昂地参与国际产能合作？"一带一路"正逢其时。

"一带一路"沿线国家是国际产能合作最好的示范区，而国际产能合作也是"一带一路"倡议的重要组成部分。"一带一路"的两端一头连着繁荣的东亚经济圈，另一头连着发达的欧洲经济圈。对其中的发展中经济体而言，基础设施建设是工业化、城镇化的迫切前提；对欧洲发达经济体而言，基础设施亟待升级，而其实施的"再工业化"战略也需要新的投资作为内在驱动。对中国而言，全球基础设施建设热潮带来的机遇，可使国内产能供给端与国外市场需求端有效对接，有利于盘活存量资产，促进增量，为中国经济的中高速发展"增力减负"。这样就自然形成了国际产能合作与"一带一路"沿线国家的"一拍即合",沿线各国都能在其中发挥比较优势,形成全球产能合作的一个新型产业链,共同受益、协同升级。

5月克强总理访拉美时,与拉美国家"一拍即合",敲定"两洋铁路"等项目。这个横跨南美洲大陆,连接太平洋及大西洋的超大型铁路建设项目的建成意味着海洋丝绸之路将扩展到拉美,并把拉美国家的资源优势转化为产业优势。

6月克强总理访欧时,又与欧洲基建投资计划"一拍即合"。此前,英、法、德等欧洲强国加入亚投行,投资亚洲基础设施建设;而今,中国将参与欧洲战略投资基金,投资欧洲基础设施建设。这意味着中欧产能的强强联合,是"一带一路"与欧洲基础设施建设的深度战略对接。

亚洲地区基础设施建设资金不足,需要巨额的开发性资金,为发展中国家提供项目贷款,因此亟须建立一个有效的融资机制,中国牵头组建的亚投行应运而生,这是对巨大需求的切中重点的满足。同时,中国建设世界一流基础设施所积累的专业经验也能为此提供巨大支持。就这样,"顿悟"的欧洲强国迫切希望与全球第二大经济体中国结为合作伙伴,寻求广阔的"带路"商机,于是就上演了欧洲强国不顾盟友美国反对,坚决加入亚投行的好戏。

经济危机之后,欧洲的投资水平下降了很多。去年履新的欧盟领导人容克希望通过基础设施建设等领域的投资,重振欧盟经济,提出了欧盟战略投资的"容克计划"。通过新设立总额 210 亿欧元的欧洲战略投资基金，在 2015～2017 年期间释放来自私营部门约 3150 亿欧元的投资，推动成员国再工业化、数字市场一体化、港口铁路网改造等。如果中国参与投资，将成为欧洲战略投资基金内唯一的非欧洲国家，这个参与机遇所带动的经济收益不言而喻。

欧洲亟须走出经济危机的雾霾，而中国亟须纾解经济下行的压力，基础设施建设成为两地区不谋而合的战略选择。"一带一路"的伟大之处就在于，这不仅是解决我国产能过剩的"通道"，也是"带路"国际产能合作的巨大契机，把处于工业化初期的发展中国家需求，处于工业化中期水平的中国巨大装备能力，以及处于工业化成熟阶段的发达国家高端技术有机结合在一起，实现"三赢"，惠及全球市场，促进世界经济共同复苏。

2015 年 7 月 23 日

大圣归来

"且怒且悲且狂哉,是人是鬼是妖怪,不过是心有魔债。"在今年暑期档电影白热化的竞争中,最大的黑马恐怕莫过于"一只原本野心不大的猴子"。

眼下《大圣归来》内地票房累计已轻松飘过 6 亿元,超过《功夫熊猫 2》在 2011 年创下并保持四年的记录,成为最卖座的国产动画电影。

随着《大圣归来》成为最时髦的文化现象,"自来水"也成了流行语。这个词背后,是一群被这部西游主题动画电影感动、自发为其众筹投资并摇旗呐喊的"自发水军"。由于《大圣归来》是一部国产动画片,以往这一领域的影片并没有众筹成功的案例,愿意掏出真金白银的投资人本来就不多。2014 年 11 月,出品人路伟在微信朋友圈发布消息,为这部酝酿了 8 年的影片众筹宣发经费,最终筹到 780 万元,这些钱来自 89 个家庭 109 个以小朋友名义出现的投资人。

预想中的"寂寞大圣被小鲜肉碾压"的画面不仅没有发生,还为《大圣归来》带来了非常有价值的资金和资源。这些投资人成为这部电影最忠实的种子观众，一直关心着进展，每次有新消息发布，他们都会拼命转发。在影片上映之初，光包场就有 200 多场。同时，在北京的三里屯、世贸天阶，上海的人民广场，甚至地理位置偏远的新疆喀什，部分投资人为该片提供了长时间的免费户外广告。在《大圣归来》片尾，这些投资人均以"众筹出品人"的身份署名在后，在片尾的彩蛋中还可以看到 109 个孩子与父母的温馨画面。从投资额度来看，少则一两万元，多则数十万元。尽管投资额度较小，但这些投资人的参与感骤增。可以说，众筹是该影片取得今天成绩的重要因素之一。

由此，众筹这一汇聚草根创业梦想的互联网投融资方式再次引发关注，并被视为一种能为文化产品提供新资金出路的模式。而作为"群众基础"最好的艺术门类之一，影视产品凭借视听、明星、剧情等要素，经常成为社会热议的话题甚至引发某种社会现象，这样的融资项目自然容易受到互联网用户的关注。基于以上原因，影视制片方愿意筹，观众愿意投，平台愿意推，"影视"和"众筹"一拍即合。借着互联网的东风，"众筹"在影视产业中俨然成为一股新的推动力量。美国众筹平台 Kickstarter 在短短 4 年里，为电影众筹超过 1 亿美元的投资，帮助超过 3000 部短片及近 5000 部电影完成众筹。而国内，大家投平台 5 月上线的一部电视剧项目已完成众筹融资，电视剧总投资 6600 万元，众筹融资 600 万元，占总投资的 9%，一个月左右时间有领投和跟投共 60 余人参与项目融资。

《大圣归来》的众筹或是成功的，虽然相应准确回报没有披露，却燃起了许多普通人的投资梦。根据其发行人介绍：众筹投资人合计投入780万元，兑付时预计可以获得本息约3000万元。目前该片正在筹备第二部，且按计划将有五部系列电影制作，大圣归来的出品方、发行团队已经与中国人寿、鸿道投资、弘富资本等金融机构洽谈合作。影视销售端"一般强需求＋易购买性＋社交性"，实际上在行业背景上已经极大地颠覆了电影营销的生态。"变现"容易，则让影视作品的证券化充满猜想。

有一种说法，众筹模式的真正鼻祖是佛祖释迦牟尼，而且他是在当时没有发达的众筹平台下完成了一次次成功众筹，并最终实现了自我修行和广播信念，创造了东方文明中最著名的宗教。果真如此，大圣归来。

2015 年 7 月 30 日

二师兄

"二师兄,师父被妖怪抓走了。"

"沙师弟莫慌,待俺老猪把师父换回来。"

"二师兄如此自信,可是想到什么妙招?"

"因为俺老猪现在的身价比他高。"

通过这个段子我们可以看出,是的,猪肉涨价了。2015年以来,国内猪肉价格一反跌势,出现大幅反弹,仔猪平均价自2月的低点19.2元/公斤,一路上涨至6月的27.5元/公斤,涨幅超过40%。猪肉平均价自3月回升,从15.7元/公斤上升至19元/公斤,上涨21%,新一轮猪周期开启。国人喜食猪肉,在全国城镇居民的肉类消费中,猪肉占60%以上(包括肉制品),所以,"二师兄"的身价自然也牵动着无数人的心。

"二师兄"的身价不仅与餐桌相连,也与政策预期甚至经济走势相关。在我国的CPI构成中,食品占比达到34%,而猪肉又是食品中重要的组成部分,能占到9%(民间估值),所以猪肉价格成为判断通胀的重要指标,CPI也被戏称为"中国猪肉指数"(China Pig Index)。

一个不研究猪肉价格的宏观研究员不是一个好厨子。我们通常用三个指标来看生猪行业的走势。一是猪粮比：毛猪价与玉米价格的比值。二是生猪存栏量：生猪实有数。三是能繁母猪存栏量（顾名思义）。

猪粮比是计算养猪户盈亏水平的指标，一般认为比值为6∶1时，生猪养殖基本处于盈亏平衡点。从去年到现在，猪粮比持续维持在盈亏平衡线下方，养猪户辛苦工作还亏钱，自然要去库存，导致供给减少。到了今年6月，猪粮比快速反弹至6.93，养猪户的亏损状况缓解，但即使价格上涨，生猪、母猪也未现补栏，估计是伤了心了。

生猪存栏量直接反映猪肉的短期供给情况，在需求短期刚性的前提下，供给短缺是推动猪价上升的主要因素。自去年下半年以来生猪存栏量持续下滑，今年6月降至38461万头，为2009年以来的历史新低。整体生猪存栏量下降，加上今年春节后养猪户压栏情况减少，削减了猪肉的供应量。

能繁母猪存栏量能够预测未来的生猪供应量。2013年以来，能繁母猪存栏量持续下跌，长期供给持续收缩。截至今年6月，能繁母猪存栏量为3899万头，同比下降15.1%，连续16个月低于农业部4800万头的警戒线。尽管近期能繁母猪价格企稳回升，但是存栏量仍在不断下降，还是伤了心了。

从以上指标判断，猪肉涨价的趋势基本已定，按照过往猪周期的经验，此轮猪价的上涨还将持续10个月左右，但是截至目前在价格回升的情况下，供给回升速度却显著慢于上一轮周期，所以上涨的时间可能会更长。

6月CPI同比上涨1.4%，后续除了猪肉价格，再考虑到其他类别的涨价趋势及翘尾因素，年内CPI突破2%是大概率事件。但由于经济总需求依然不强，CPI也不会出现超预期的反弹。政策方面，物价的上涨与平稳，虽不至于导致货币政策转向，但对政策空间的预期将发生变化。从上半年经济下行的压力来看，下半年稳增长的任务仍比较艰巨，即便货币政策力度减弱，财政也不会袖手旁观。7月30日，中央政治局召开会议，再次强调稳增长，同日国家发改委发布新兴产业重大工程包，"水"不够了，咱还有"面"。

扯到现在离"二师兄"的话题好像有点远了，但其实还是有关系的。不管了，救师父要紧。

2015年8月6日

大佬结婚

刘强东结婚了，奶茶MM升级为奶茶夫人，京东不仅能时常占据科技头条，这次还登上了娱乐版，刷屏朋友圈。

就在京东将"90后"揽入怀中时，还牵上了生鲜电商。京东宣布以每股9元，共计43.1亿元战略入股永辉超市。双方交易一旦完成，就意味着京东将持有永辉超市10%的股份，并拥有提名永辉两名董事（包括一名独立董事）的权利。京东与永辉的合作在于布局生鲜的O2O市场，两者之间可以在生鲜、物流、冷链等方面展开合作。其中，永辉的线下物流体系，尤其是仓储、供应链方面的优势将为京东到家所采用，服务于整个O2O服务。据说，将来的超市商品，尤其是生鲜产品，可以通过手机应用"京东到家"直接送货上门，而货源就是居民小区附近的超市。听起来就是为懒人发放的福利。

不过，马云也不甘寂寞，两天后也"结婚"了，娶的对象是"苏宁"。阿里巴巴集团将投资约280亿元人民币参与苏宁云商的非公开发行，占发行后总股本的19.99%，成为苏宁云商的第二大股东。苏宁将以 140 亿元人民币认购不超过 2780 万股的阿里新发行股份。阿里和苏宁，一个是从线上到线下，一个是从线下到线上，双方均已站在了十字路口。这次合作将利用大数据、物联网、移动应用、金融支付等先进手段打造 O2O 移动应用产品，打通线上线下渠道。

苏宁线下所有的门店将会向天猫商户开放，而苏宁旗舰店也将入驻天猫。苏宁自身的物流服务也会接入天猫平台，向阿里商户开放。网络完善的菜鸟物流配合苏宁自有的配送体系，据说能够智能化定制最佳配送方案，商品最快两小时之内就能送达。另外，苏宁还有一张王牌——售后服务，尤其是在 3C(计算机、通信、消费电子产品）和家电方面。依托苏宁遍布全国的 1600 多家门店等资源，消费者无论在线上或是线下、天猫或是苏宁购物，都可以就近获得相应的售后服务。

作为业界公认的第三大电商平台，苏宁站队阿里，意味着其退出了电商平台之争。加之一年半前腾讯放弃电商而入股京东的事件，中国电商格局发生了历史性转变，已形成双寡头格局：阿里＋苏宁 VS 腾讯＋京东。

阿里一直重视的是轻资产、平台化业务，所做的是流量生意，提供的只是营销、支付、交易系统的服务，优点是利润高，缺点是对产业参与不够深入，掌控力不足。商户能获得的帮助也仅限于此，对供应链缺乏影响力，连一间仓库都没有。尽管后来搭建了属于自己的供应链平台菜鸟网络，但仍缺乏全国性的包含仓储和物流在内的供应链网络，难以满足阿里真正的上帝——中小企业的需求。阿里寻找合作伙伴，最合适的是京东，可惜彼此站在了对手的阵营，于是苏宁就成为最好的选择。

同样，阿里的对手京东，缺乏的正是阿里的特质。京东崛起是缘于强大的供应链，在仓储、配送方面不计成本地投入。而且，京东从获客、到采购、仓储、物流、售后，真正做到了深入产业，和供应商之间是深度绑定的关系。京东需要的是走出采购思维，建立平台化的思维。在扩充品类的时候，补充自身之外的供应链资源。京东对永辉的入股，正是用永辉在生鲜方面的资源，弥补自身在生鲜和日用消费百货领域的短板。

未来电子商务的模式将走向何方？流量为王还是供应链为王？垂直化还是平台化？也许将是流量与供应链并重，平台电商垂直化，以及垂直电商平台化，让我们拭目以待吧。

2015 年 8 月 13 日

汇改的喷嚏

有报道这样描述上周的人民币动态:"连续三天,每天一个炸雷。震撼着汇期股债市场每一个交易员的心脏。不是出乎意料,而是瞠目结舌。"

8月11日9点13分,央行授权中国外汇交易中心公布的美元对人民币中间价为6.2298元,较前一日下调1136个基点,贬值1.86%;较前一日收盘价6.2097元贬值201个基点。12分钟后,央行发布声明称,为增强人民币兑美元汇率中间价的市场化程度和基准性,决定完善人民币兑美元汇率中间价报价,核心是"做市商在每日银行间外汇市场开盘前,参考上日银行间外汇市场收盘汇率"。这意味着,中间价大幅贬值不仅仅是简单的汇率走势变化,而是2005年7月21日"汇改"以来人民币汇率形成机制改革最重要的里程碑,人民币告别固定汇率体制后最难突破的节点——中间价形成机制——终于取得进展,堪称"新汇改"。

所谓汇率中间价,是中国外汇交易中心每天在银行间外汇市场开盘前发布的一个参考汇价。目前的中间价定价机制形成于2006年,其政策表述是，中国人民银行于每个工作日闭市后公布当日银行间外汇市场美元等交易货币对人民币的收盘价，作为下一个工作日该货币对人民币交易的中间价。

规定每个交易日人民币外汇中间价的做法难以持续。这个机制本身存在缺陷。与此前量价匹配的人民币汇率管理方式相比，央行以中间价格干预为主、数量干预为辅的人民币汇率管理方式很容易导致量价不匹配。其结果是，外汇市场即期交易价格与中间价屡屡显著背离。2012年末，曾出现过人民币兑美元汇率连续十多日"涨停"，汇率中间价却纹丝不动的奇景。

今年3月以来，收盘价与中间价的背离再度扩大，根据市场调查和分析，有关偏差大约累积了3％。这种误差不可能长期持续，以免失衡过度累积。

在此之前，虽然人民币离岸市场和在岸远期市场都有明显的贬值压力，但人民币兑美元汇率中间价近三个月几乎成一条横线。中间价定价机制已经到了不得不改的时候，由于中国央行进一步放松货币政策的可能性很大，而美国可能在不久的将来开始退出量宽政策，人民币贬值的压力可能会进一步增强，如果不能当机立断，延后推进中间价改革的风险更大。

此外，中国金融体系的现状，仍对人民币加入SDR提出诸多操作层面的挑战。比如，SDR需要每日计算一篮子货币对美元汇率，这基于各组成货币对美元的汇率。人民币汇率仍然缺乏公允的市场化汇率指标，在岸汇率与离岸汇率差异明显。从当前国际收支、经济发展和国内就业等现状来看，新汇改也已是箭在弦上。

面对这轮人民币新汇改冲击波，市场大呼意外，甚至有外媒称"中国点燃人民币炸弹""人民币贬值动摇了世界"。

其实新汇改应该解读为技术层面的变化，主要目的是解决过去一段时间中间价与市场汇率持续偏离的问题。

货币汇率超过这种幅度的变化每天都有，问题在于，大家已经习惯了人民币一成不变，甚至天天向上。但在市场经济模式下一定是价格机制发挥主要作用，这个世界上不存在"只能升值，不能贬值"的货币，此前包括美元在内的其他国家货币贬值与升值幅度都比人民币大得多。何况按新兴市场贬值的标准，人民币兑美元贬值1.86%根本不算什么。当然如果选择出境，不管是投资、采购、旅游抑或留学等，会相当烧钱。

2015年8月20日

4.0 时代，你准备好了吗？

近年来，制造业一直处于一场重大而根本性的变革之中，这一变革在德国被称为工业 4.0，在英国被称为重振制造业，在美国被称为制造业回归，在中国被称为中国制造 2025。这里我们给它一个统一的名称——第四次工业革命。

这场变革来势汹汹，其核心是实现制造业、制造业产品和服务的全面交叉渗透，换句话说，我们所有能看到的、能想象到的各种各样的硬件，无论是汽车、家居还是我们身上可穿戴的各种东西，甚至于很多制造业里的设备都会智能化。

如果在这里探讨"信息物理融合系统"、"智能技术系统"或是"物联网"等词究竟是什么意思，恐怕小祝只能给您一个空洞的概念，这活儿还是交给专业人士吧。我们今天来畅想一下，10 年后，甚至是 5 年后，我们的生活和工作会变成什么样子。

2025 年 8 月 27 日，晴。

今天天气不错，早上 7 点，我的智能管家叫我起床，昨天用 3D 打印机给它换了新外壳,皮卡丘,萌萌的。我去洗漱,它去厨房做早餐,其实也不是它做,就是控制厨房里的那些智能电器,让它们该干吗干吗。洗漱之后,看着镜子,最近挺怵它,天天扫描我,还老说我血脂高,让管家把菜控制得清淡点。不过今天倒挺安静,主要是信用卡该还款了,这货只顾着刷脸呢。

早上忙完准备上班,车已经停在门口,输入目的地,看看动力表,太阳能就够使了,出发。路上闲着也是闲着,把车载 3D 视频传输系统打开学习会。昨天德国机械专业排名第一的大学有专业课,这会已经上传了。教授说,制造业是否能在市场上取得成功将越来越取决于能否更快地设计、开发和生产出有革新性、高性能的设备,德国的机械制造业在国际市场上极受赞誉的主要原因就是德国机械制造业的中小型结构以及随之而来的较短的决策过程。有道理,最近产品更新换代得越来越快。哦,已经到公司了,剩下的回去路上再看吧。

公司里面需要人来亲力亲为的事情不多。物联网清晰地描述了唯一确定的物理对象间的连接,物品能够通过这种连接自主联系,所以只要软件靠谱就可以了;移动计算使人和计算机在移动状态下就能进行人机交互,到处可以使用,到处可以连接,所以人也没必要在现场盯着;社会化媒体使我们可以在平台上随时与供应商和客户交流,上面产生的大量数据贯穿产品生命周期的各个阶段,为产品的创新和优化提供极有价值的资料。所以,智能化的发展使我们的主要工作只剩下创新、优化和监测。

下班了，管家来电话问要不要回家吃饭，我告诉它晚上有约会，三个小时后把空调打开，洗澡水放好。然后，然后还有很多智能化的体验在等着我……

小祝的脑洞有限，只能想象到这么多。在蒸汽机应用、规模化生产和电子信息技术三次工业革命之后，我们将迎来以信息物理融合系统为基础，以生产高度数字化、网络化、机器自组织为标志的第四次工业革命。面对 4.0 时代带来的生活、工作甚至是观念上的改变，你准备好了吗？

2015 年 8 月 27 日

阅兵中的制造业

俗话说，一千个人眼中有一千个哈姆雷特。看阅兵也是如此。作为长期关注制造业的研究员，小高从此次阅兵中看到的就是中国制造业的集中展示。

要知道，武器制造是装备制造的重要组成部分，其技术先进程度和部队装备普及度可以代表一个国家的整体工业化技术水平。而我国的军事制造业是唯一不靠美国、欧盟和日本支持而发展起来的工业部门，多年来西方坚持对华武器禁运，大大激发了中国武器自我研发能力。目前，全世界只有美国、俄罗斯和中国有能力生产全系列武器。

阅兵式上规模空前的中国造"大杀器"阵容让世界为之一震，也让世界见识到更真实的中国装备制造业水平。27个装备方队展示了500多件不同型号装备，10个空中梯队展示了140余架各型固定翼飞机和直升机，涵盖了我军现有先进作战和保障机种。这些武器装备全部为国产主战装备，展示了我国在高端装备制造业方面的巨大进步和强大实力。看着常规导弹、核常兼备导弹与核导弹在长安街上威风凛凛而过，民族自豪感与安全感油然而生，不得不随之赞叹：东风浩荡，雷霆万钧，大国长剑，安全基石。

众多的高科技武器，构建了信息化、数字化的国防系统，而承载我军越造越强的高端军备的，还有我国越来越先进的汽车制造业。无论是泰安特种车厂、627厂、617坦克厂等军工企业，还是一汽、上汽大通、比亚迪、北京汽车、中联重科等民用企业，都展现了中国汽车制造在承重性、安全性、功能性、稳定性方面的能力和技术。例如此次作为阅兵指挥用车的上汽大通G10系列即为"民品从军"的典范。G10的制造工艺、产品的动力性能与操控能力，特别是车辆的可靠性等都达到了相当高的标准，可以充分满足军方的要求。而比亚迪自行研发自行制造的电动扫洗车，使用纯电推进，零排放无污染，被使用方高度认可。

特别值得一提的是，阅兵中多个型号战机使用了世界领先水平的3D技术来打印部件。3D打印技术无须机械加工或任何模具，直接从计算机图形数据中生成任意形状的零件，大幅缩短了生产周期。同时，3D打印技术还可以制造出传统生产技术无法制造出的外形，可以更有效地设计出飞机机翼、热交换器等复杂工艺产品，且在生产过程中不产生任何与功能无关的剩余物，大大降低了生产成本。其中，中国目前已具备使用激光成形制造超过12平方米的复杂钛合金构件的技术能力，成为当今世界上唯一掌握激光成形钛合金大型主承力构件制造技术和应用方法的国家。这也标志着中国军事航空制造业的3D打印技术已走在世界前列，并将加快我国成为航空制造业强国的步伐。

除这些接受检阅的军工装备之外,"大阅兵"上还悄然展示着众多相关制造业。如工程机械装备、智能摄像系统、军需用品和纪念品等,这些制造业企业,用可靠的性能、创新的技术和精良的品质获得参与国家盛典的最高荣誉。

大阅兵是中国制造业的大缩影。70年前,中华民族用人类历史上最伟大的牺牲换来了抗战的全面胜利,70年后,中国用检阅大国重器的方式宣誓保卫家园和平的决心和信心。大阅兵让全世界把目光聚焦中国,让全世界看到中国发展高端装备制造业的能力和实力。自此,若举国都以大阅兵标准来发展制造业,必将中国铸造成制造业强国,仰国之重器而崛民族复兴。大国重器,方保世代太平。

2015年9月10日

制造为本

用传统制造工艺打造一个大型锻件一般需要几百吨钢材和三年的时间，做完后如果检验不合格，几千万元就打水漂了。目前金属 3D 打印技术可完全实现数控化的轨迹控制，产品精密度得以提升。更具颠覆性的是，"打印"过程中，哪里有失误，都可以像用"橡皮擦"一样消除痕迹，可无限次修复。

或许这已经让你感到震惊，但埃里克·布莱恩约弗森在其所著的《第二次机器革命》中提到，即使 3D 打印技术也不是计算机时代最高的成就，"它们只相当于热身运动"。

从世界范围来看，新一轮工业革命是信息技术与制造业的深度融合，是以制造业数字化、网络化、智能化为核心，建立在物联网基础上，同时叠加新能源、新材料等方面的突破而引发的新一轮产业变革，将给世界范围内的制造业带来深刻变革。

这一变革对中国意味着机会。中国要从"制造业大国"向"制造业强国"迈进，必须在这一波全球性的产业革命中迎头赶上。

环顾世界，几乎所有发达国家都是制造业强国，制造业是一国经济的脊梁。日本、美国等发达国家出现制造业向外转移的"产业空心化"后，就先后遭遇金融危机、经济危机。全球"金融海啸"之后，饱受重创的发达国家痛定思痛，纷纷推出重振制造业的国家战略和计划，如美国的"再工业化""制造业复兴""先进制造业伙伴计划"，德国的"工业4.0"，日本的"再兴战略"，法国的"新工业法国"等。在新一轮的全球产业链重组中，高端制造业正向发达国家回流，跨国公司正加快调整全球布局，以个性化量产（也称柔性生产）为标志的新工业革命，正逐步并最终彻底改变制造业的组织方式。

一个国家的独立、安全和强盛，与制造业的发达联系在一起。有数据显示我国所需的芯片80%以上依赖进口，用汇总额超过石油；高铁装备所需的核心零部件/元器件80%以上须进口。对于"中国制造"来说，这是前所未遇的挑战。近十几年来，当"虚拟经济"在全球范围内制造一个又一个财富神话时，当中国顶级企业榜单被来自互联网的变革者不断改写时，坚守实业的制造力量似乎显得落寞。中国制造业一度出现"脱实向虚"的危险倾向，资本游离、人才流失、要素转移、效益低下，工业被空心化。中国的目标是到2020年基本实现工业化，而实现完全工业化还要走更长的路，中国在谋划跟进发达工业化国家工业4.0的同时，要全力打造3.0，甚至不得不补2.0的欠账。

对中国而言，由大到强，就是从产业链低端向高端"爬坡"的转型升级。按照"产业微笑曲线"理论的描述，U形的附加值曲线两头是研发设计、销售服务，中间是加工制造；全球产业链不断变动组合创新，处于产业链低端的国家或企业唯有向"微笑曲线"两头的产业链高端发展，才能在国际分工体系中拥有比较优势，从而晋升为制造业强国。

  对此，"中国制造2025"规划提出，制造业是服务业的重要基础，制造业服务化是工业化的战略取向。制造业是实体经济的主体，是国民经济的支柱，也是今后一段时间中国经济"创新驱动，转型升级"的主战场。我国经济正处于爬坡过坎的重要关口，靠拼投资、拼资源、拼环境的老办法已经行不通了，加快发展数字化、网络化、智能化的制造业是制造业发展的重大趋势，是促进工业向中高端迈进、建设制造强国的重要举措，是经济新常态下强本固基打造新的国际竞争优势的必然选择。

2015年9月24日

蓝天下的制造业

"十一"长假的最后三天,大多数出门度假的人都陷入了纠结。一是假期即将结束不得不拔脚返程,二是北京的严重雾霾实在是让人望而却步,这让跋山涉水甚至跨境吸了几天新鲜空气的人情何以堪。虽然造成雾霾的原因很多,但周边工厂加班加点赶工是小祝听到最多的理由。难道制造业和蓝天真的不能共存吗?

2010年制造业工业废水排放量占全部工业排放量的83.4%,二氧化硫排放量占全部工业排放量的44.6%、烟尘排放量占全部工业排放量的59.9%、工业粉尘排放量占全部工业排放量的93.8%。虽然是历史数据,但从工厂停产对空气治理的效果来看,该比重仍具有一定的参考价值。从这一点来看,制造业的确是造成我国空气污染的主要原因之一。

在陷入要GDP还是要蓝天的两难问题之前,我们先来看看德国。同为制造业大国、工业品出口大国,那边空气倒是清新透亮多了。其实,德国的环境亦曾受过工业污染的"伤害",作为重点工业区的鲁尔区,其污染一度危及居民生命,后来通过提高技术水平和推广新能源,污染程度大为减轻，自 1990 年起有害物的排放减少了 60% 以上。可见，蓝天与制造业并不是不可并存的，鉴于我们对蓝天的渴望程度，结合我国现阶段制造业的发展特点，目前我国已经从以下几个方面着手改善了。

首先，加速制造业产业升级，促进高技术、清洁型产业快速发展。从制造业各行业的废水、废气排放强度（单位产出的排污量）来看，纺织业、造纸印刷业、石油加工业、炼焦及核燃料加工业、化学工业、非金属矿物制品业、金属冶炼及压延加工业的污染排放强度的历年均值明显高于制造业其他行业，属于高污染密集度行业。相反，通用设备制造业、专用设备制造业，交通运输设备制造业，电气、机械及器材制造业，通信设备、计算机及其他电子设备制造业，仪器仪表业等的污染排放强度的历年均值明显低于制造业其他行业，属于低污染密集度行业，且这些行业具有明显的技术密集和资本密集特征。制造业产业升级的方向就是要从劳动密集型向资本和技术密集型转变，所以随着制造业升级速度加快，其污染排放必定会不断下降。

其次，积极发展清洁技术，实行绿色制造。德国治理污染的一项重要举措就是大力发展环保技术，通过新技术应用、新能源开发、废物再利用、资源再造等措施降低能耗、提高生产效率、优化利用资源。在《中国制造 2025》战略中，重要的一条就是"全面推行绿色制造"：加大先进节能环保技术、工艺和装备的研发力度，加快制造业绿色改造升级；积极推行低碳化、循环化和集约化，提高制造业资源利用效率；强化产品全生命周期绿色管理，努力构建高效、清洁、低碳、循环的绿色制造体系。绿色制造既是未来制造业发展的动力来源，也是实现蓝天白云的重要支撑。

再次，逐步完善碳交易市场体系。2005年签订的《京都议定书》促进了世界碳交易市场发展，也带动了发展中国家探索利用市场机制进行减排的行动。中国政府承诺到2020年每单位GDP的二氧化碳排放量要比2005年下降40%～45%，2017年将启动全国碳排放交易体系。如果能够顺利推进，制造业的污染将会大幅降低。

有了以上三点作保障，相信蓝天下的制造业将会迎来更加勃勃的生机。

2015年10月15日

上门经济

10月20日，是京东到家的"1020宅购节"。自从"双11"开启了全民疯狂的线上购物浪潮，让世界见识到中国人民的消费能力之后，京东、苏宁甚至阿里自身纷纷效仿，又搞出了"双12""618"等节日。虽说没有达到"双11"的壮观场景，但也形成了若干小高潮，并由此衍生出五花八门的O2O"上门经济"。

其中，"京东到家"是京东2015年重点打造的O2O服务平台，利用京东的自有物流以及社会化运力，整合各类O2O生活类目，向用户提供3公里范围内生鲜、超市产品、鲜花、外卖送餐等各类生活服务项目。其最重要的特点是基于移动端定位实现2小时内快速送达，也就是说对于物流的要求更高。O2O高频、急发的物流需求，如果都依靠自营配送，成本很高，于是京东开发了类似"人人快递"的自由快递人那样的"京东众包"物流体系，发展社会配送员。小高见识了70周年阅兵期间"全民安保"的群防盛况，可以想象，不久的将来大爷大妈们将会有新的生活方式——在广场舞之余可以顺手送个快递，聊个天，锻炼个身体，说不定还能知道点八卦新闻，举报个违法行为啥的。

京东还计划开放洗衣、洗车、美容、按摩等几块上门业务，发挥物流优势做O2O平台。在这些领域，早已有各类垂直O2O试水，O2O成为过去两年内互联网相关行业中热度最高的领域。按照老百姓日常生活打开频次的高低，稍微有点价值的服务，几乎都有上门经济的创业公司或者互联网巨头的布局。而用户需要的只是轻点手机上的某款APP，服务人员就会以最快的速度登门服务。懒人时代正式到来。

连我远在二线城市的姨妈也开始享受起上门服务。据说，她在58到家上预订了上门按摩的服务，按摩师准时到家，还带了一次性口罩、鞋套等，按摩手法也很专业。她还下载了上门洗衣的APP，呼叫工作人员上门取衣，两天后衣服就被干干净净地送回来了。过年的时候，还搞了个家宴私人订制，请大厨上门现场打造年夜饭。而我的一个表妹，做起了上门美甲的生意，据说收入比原来打工高，工作更轻松自由。

在各种"上门经济"遍地开花的同时，厨师、美甲师、保洁阿姨、送餐员、专车司机等一大批自由职业者群体开始涌现。在"互联网+"的大时代下，服务业纷纷利用互联网平台推出"上门服务"，减少了服务业对实体店店铺的依赖性，也大大降低了租金、人工、水电等成本。新模式在很大程度上解放了专业服务技师，过去劳动者与公司间的雇佣关系被分成所取代。而且，APP比传统企业经营品牌和培育市场的效率高，其引入的服务质量评价和保障机制，使得极度碎片化的市场中能够形成一定程度的品牌集中度，降低了人们的服务辨识成本，促使劳动者注重专业技能和职业精神。行业的透明带来用户、平台、劳动者的"三赢"。

不过，在一片叫好声中，对于家有幼儿的小高而言，上门服务因其潜在的安全隐患而被我拒之门外。目前，现行的法律法规没有为O2O服务明确定性，很多APP平台都是在打擦边球。毕竟人不是产品，没有统一的技术、没有统一的标准、没有统一的质量检验，服务人员的素质、上门服务的质量、是否安全等问题都是很大的未知数。能否解决好这些问题，将成为O2O能否长久昌盛的关键。O2O的盛行，不仅仅是零售业和服务业的重塑，也是社会资源的重塑，兴许还是社会风气与价值观的重塑。

2015年10月22日

不创新，就灭亡

任正非曾经说过一段意味深长的话：对华为公司来讲，长期要研究的是如何活下去，寻找我们活下去的理由和活下去的价值。活下去的基础是不断提高核心竞争力，而提高企业竞争力的必然结果是利润的获得，以及企业的发展壮大。这是一个闭合循环。

如同很多人希望长命百岁一样，每个企业都希望成为长寿企业。企业可持续发展不仅是当代企业的基本追求，是企业战略关注的焦点，也是企业家心向往之的目标。在对企业生命的研究中，人们参照生命体的自然进化规律研究企业生命，将生命的自然周期思想摄入研究的范畴，同时假设了企业的生死规律。

美国管理专家伊查克·艾迪思博士的企业生命周期理论影响很大并被广泛接受。他把企业生命周期形象地比作人的成长与老化过程，认为企业的生命周期包括三个阶段十个时期：成长阶段，包括孕育期、婴儿期、学步期、青春期；成熟阶段，包括盛年期、稳定期；老化阶段，包括贵族期、内耗期或官僚化早期、官僚期和死亡期。每个阶段的特点都非常鲜明，并且都面临着死亡的威胁。

很多人由此衍生出企业宿命论，对此，笔者不敢苟同。企业不可避免地会生存和消亡，这是市场经济的客观规律，然而，企业并不必然走向衰退和死亡，也可以逃脱衰退和死亡的厄运，实现蜕变和复兴。只要企业重塑组织愿景，再造工作流程，重新规划工作架构，掌握市场焦点，不断创立新业务，不断注入新技能、使命和适应环境变化的反射能力，就会塑造一个崭新的状态；在投资组合、资源分配、运营战略等方面，就会有健康的表现，企业的重振和复兴就不是一句空话。换句话说，持续创新可以破解企业发展宿命论，实现基业长青。

另外，严酷的事实是：大批的企业因未能实现持续创新而在激烈的竞争中陷入被动局面，难以发展，甚至被无情地淘汰。值得注意的是：不仅是抗风险能力较弱的中小企业由于未能进行创新，或未能实现成功的创新而可能在竞争中被淘汰，即使是有过创新辉煌历史、在创新中发展起来的大企业，如果不能实现持续创新，也可能在竞争中惨遭失败。管理学大师德鲁克曾经尖锐地指出：企业"不创新，就灭亡！"

商业上讲创新及差异化，每一个好公司都在这部分做得极其成功。因此，在一定程度上，各种能生存的公司，都或多或少对创新及差异化有所关注，才能保持存活的可能。不过，这种创新及差异化的能力，必须持续不断地进行，所有的公司倒闭的最后原因，都是创新及差异化能力的停滞。大自然及市场都用最残酷的方式淘汰无法适应者，让这些死亡的物种、倒闭的公司释放出资源，而造成新物种或有效公司的崛起，把资源让位给这些后起之秀。我们不能期待活着却可以停滞不前，只享受大自然或市场给你的好处，如果这样做，没多久必然被踢出这个可以存活的空间。

所谓物竞天择，最适者才能生存，而天择是一个动态的尺标，它是不断在进行的，如果你没法达到下个时刻的天择尺标，那么你只能是当下的最适者，并不能保证是未来的最适者。因此，企业创新贵在持续，也难在持续。以持续创新谋求企业的持续发展，已经并正在成为当代中外优秀企业极为重要的基本实践，也成为中外企业成功破解企业发展宿命论的密码。

2015 年 10 月 29 日

翱翔的靴子

如果说 2015 年有什么事情能让全球人民从年头预期到年尾,美国加息绝对要算一个。美联储拉锯式的预期管理已经让这只靴子在天上翱翔了相当长的一段时间,这感觉有点像钝刀子割肉,让人不爽快。

美国东部时间 10 月 28 日,美联储 10 月 FOMC 会议声明维持利率不变,市场预期再次落空。在声明中,美联储撤销了"全球形势可能限制增长"的表述,表示将在"下次会议"上(即 12 月)评估进展,以决定是否加息。宣布声明之后,美元、欧美股市上涨,风险资产及黄金全面下跌。

就业和通胀是加息的重要条件,目前由于劳动参与率不高而引起的失业率下降的状况有所消退,通胀也因为能源价格以及非能源进口价格下降的影响而低于长期目标。虽然看起来好像不满足加息的条件,但耶伦在 9 月 FOMC 会议后曾表示,10 月可能加息,难道"耶女士"认为在短短一个月时间内这两项数据就会发生质的飞跃?难道她也请到了"麒麟才子"?所以,在小祝看来,这种引而不发的做法更像是在扭曲市场预期。

为什么要这样做？我们可以从美联储历年加息周期开启时（首次加息）的资产价格变化中找到端倪。

1982年以来，美联储共经历了五轮较为明确的加息周期，分别开始于1983年、1988年、1994年、1999年和2004年。从这五轮加息周期中首次加息后的资产表现来看，无论是经济过热期还是互联网、房地产泡沫时期，防范通胀过高和资产价格泡沫都是加息的重要原因，因此加息政策本身就包含了美联储对资产价格的引导或是态度，这必然对资产价格造成影响。

先看股市，1983年、1988年两轮首次加息均没有改变股市的上涨，这可能与当时美国经济的高增速有关。但在1994年以来的三轮首次加息中，美国股指中标普500和道琼斯指数在加息前后的一个月、一季度中均是下跌的。本次美国经济复苏的支撑弱于以往，所以，首次加息短期对股市的影响偏负面，且在加息后的体现会较为明显，这也使美联储的压力倍增。

再看美元，从理论上看，美国相对领先的加息会通过利率平价提振美元。但现实不是教科书，从之前几轮首次加息的情况来看，美联储首次加息前一季度美元指数会较为强势，五轮均为上涨，加息前一个月以及加息后一个月、一季度走弱的情况更多。表明美联储提前释放的加息信号会使投资者看多美元，而加息临近投资者则变得较为谨慎，加息后预期兑现，回调的可能性较大。

从以上两个因素考虑，美联储持续引而不发，调整预期管理组合，可能试图在与市场的博弈中，让美国资产价格实现一次软着陆。但事情并没有那么简单。美联储如此进行预期管理，实际上把自己逼到了墙角：12月到底加不加息？不加有信誉风险，加则可能靴子落地，市场会以阶段性利空出尽来处理，憋屈了这么久，一定要释放得彻底一点儿才爽快。

当然，必须得谈谈美联储加息对我国的影响。较高对外净债权和储备资产充足率、出口不依靠大宗商品等都是有利于中国抵御外部冲击的正面因素，而且中国的经济增速在世界范围内仍然属于较高水平，因此受到美联储加息的负面影响较小，但也要警惕资产价格变动所带来的短期冲击。

最后，让我们一起等着看看，美联储加息这只翱翔了那么久的靴子，12月到底要不要落地。

2015年11月5日

二胎，你生么？

"你生二胎么？"自10月29日十八届五中全会闭幕发表公报，决议"允许全面放开二孩政策"后，人们便用"你生么？"替换了"你吃了么？"作为打招呼语。

很多作为独生子女的"80后"，听到这个消息倍感压力山大。原本的"421"结构，很可能将演变成"422"结构。这真是要求中间的爸爸妈妈们成为坚实的顶梁柱，时刻保持"身体健康""工作顺利"。

不过，从市场角度而言，全面放开二胎应该是一个利好，至少在以下几个方面会带来投资机会。

第一，怎么生？中国的高端公立医疗资源紧缺在生孩子事项上表现得尤为突出。北京几乎所有的三甲医院产科都人满为患，赶上生育高峰，必须刚怀孕就去医院排队占床位。而人多带来的必然是医疗服务水平下降和风险的上升。

在生二胎的队伍里，一些人经济实力较好，一些人已经迈入高危产妇的行列，她们将会更多地选择便利、舒适和安全。因此，预计越来越多的女性会选择在私立医院生产，或者孩子出生后入住月子中心。目前北京的私立医院产检加生育价格普遍在 5 万元左右，高端的在 10 万元以上。而月子中心 28 天的价格则差异很大，根据服务和条件的不同，从 3 万元到 20 万元不等。尽管价格很高，但考虑到产妇和孩子既能享受到全面、专业、细致的服务，又能解决家庭人力不足的问题，还能避免不必要的家庭矛盾，我身边很多的人都选择了月子中心。

可见，高端医护是一个很好的投资机会，北京已新开几家月子中心，养好口碑准备迎接生育潮。

第二，生出来谁带？除了月子中心，还有很多人请了月嫂。一二线城市月嫂的价格逐年攀升，一般从几千元一个月到二三万元一个月，分了很多等级。而出了月子之后，很多家里老人不方便带孩子的，又不得不请育儿嫂、住家保姆或者钟点工帮忙，家政服务成为很多家庭的刚性需求。这些家政服务类人员的收入远比许多工厂职工以及农民收入高，因此越来越多的人打破传统观念愿意从事这一行业。在这种情况下，把握住互联网 O2O 上门经济的发展潮流，建立稳定的服务人员培训选拔机制和盈利模式，提供健康、安全、素质高、能力强、有针对性的家政服务人员，可能能在家政市场中创出品牌。

第三，衣食住行都准备好了么？奶粉、辅食、婴幼儿日常用品、童装、玩具等是宝宝出生后必不可少的配置。伴随着互联网用户的成熟化，线上母婴市场发展迅速。2015 年第二季度，中国 B2C 市场母婴品类交易规模达到 285.2 亿元人民币。尽管母婴市场早已是红海一片，但妈妈们不断提升的品质需求和安全需求，以及母婴市场巨大的体量，还是吸引投资者和创业者持续进入，寻找新的商机。

全面放开二胎不仅可以在未来几年内刺激母婴市场的消费，而且在"住"和"行"方面，也将对中国的经济和结构有所影响。二胎政策导致城市中大户型房产的需求增加，三居室、四居室成为未来的刚性需求。而大空间车型可能成为家庭采购第二辆车的首选。

不管接下来真正能多增加多少新生儿，全国放开二胎的政策都能提振社会对我国经济的预期，改善我国消费、投资乏力的现状。

所以，考虑了这么多，"你生二胎么？"

2015 年 11 月 12 日

养老出路

11月10日,中央财经领导小组第十一次会议首次提出"供给侧改革"。次日国务院常务会议决定推进医疗卫生与养老服务结合,更好地保障老有所医老有所养。

"医养融合"是指医疗资源与养老资源相结合,实现社会资源利用最大化的新型养老服务模式。该模式集医疗、康复、照护、健康管理等为一体,把老年人健康医疗服务放在首要位置,将养老机构和医院的功能相结合,把生活照护和康复关怀融为一体。

数据显示,到2014年底,我国人口老龄化已经达到15.5%,而现在仍然在不断增长,到2050年——考虑本次我国人口政策调整因素——我国每3人中就将近有1个老年人,到2030年,人口老龄化将使我们国家的慢病负担增长40%。

无医不养,老年人对健康服务的需求是第一刚需,需要得到综合的、连续的、适宜的医疗服务。老龄长期照护体系的建构刻不容缓,而这个体系的基础就是"健康管理+医疗服务"。

面对相对庞大的老年医养服务需求，我们目前的医疗卫生服务能力明显不足，不仅老年病医院、护理医院、康复医院数量有限，一些综合医院和专业医疗机构里做老年病科的专业人员也很有限。我国目前从事老年人医疗服务的医生、护士等卫生技术人员才几万人，远远不能满足老年人庞大的健康需求。

截至今年3月底，我国每千名老年人拥有养老床位27.5张，同比增长10%。但目前我国养老院的床位空置率却达到48%左右，床位空置率严重的养老院主要是没有医疗服务的相关支持。医疗服务和养老服务的结合，将疏通医疗服务与健康管理之间的梗阻，也是我国积极应对人口老龄化的关键举措。

医养融合，子女亲属更放心。现代工作的繁忙让很多子女根本顾不上家里的老人，医养融合使老人出现任何疾病都能得到及时的检查、治疗、救助。

医养融合，更有利于老人的身心健康。随着年龄逐渐增加，老人器官逐渐衰竭，而精神面貌也会发生改变，身体、心理以及环境的适应能力都会下降。据调查，在养老机构集中养老的很多老人都会出现萎靡的现象。如果在自己生活习惯的居住环境中实现医养融合，心理压力和负担也会降低。所以最好的方式还是可以医养融合的居家养老（包括社区居家养老与家庭养老），这样老人的生活环境和条件都不会有很大的改变，更适合养老。

医养融合产业覆盖面广、产业网络庞大，涉及医疗、社保、体育、文化、旅游、家政、信息等多方面，可以成为促进经济转型的重要抓手和实现可持续发展的重要支撑。大力发展健康与养老产业对扩内需、促就业、惠民生等具有重大的现实意义，也是积极应对人口老龄化、满足"健康老龄化"巨大刚性需求的长久之计。

"供给侧改革"意味着产业结构大变迁，服务产业大发展时代的到来。国务院已出台了《关于加快发展养老服务业的若干意见》和《关于促进健康服务业发展的若干意见》，医养融合产业顶层设计基本完成。

有道是无医不养，医养融合打通了养老乃至大健康产业的任督二脉。有病治病、无病疗养，医疗和养老相结合的新型养老模式，优势在于整合养老、医疗和健康管理的资源，提供持续性的老人照护服务，这种模式契合老年人的根本需要。随着我国老龄化进程的加快，"医养融合"从供给侧改善需求的养老模式既是我国养老产业的基础，也是产业发展的必然趋势。

2015 年 11 月 19 日

站在悬崖边的人

上个礼拜的"真言高见"为大家详解了"养老出路",里面提到"医养结合"相关的领域发展将拉动产业经济的增长,这是大量人口老去所带来的投资机会。但这一次,我们会从另外一个角度来看看这件事对经济的影响——人口老龄化使我们即将面临"人口悬崖"。

人口学显示,典型的家庭消费高潮一般出现在家庭中的抚养人45~50岁时,如果处在这一阶段的人口数量出现急剧下降,那么对于经济的冲击将是巨大的。随着一个世代达到消费支出峰值,经济在下一人口世代成长起来之前会一直减缓。

"人口悬崖"不但能够解释消费回落,还可以解释当前面临的全球性通货紧缩。当年青一代数量多于退休人口数量时,通货膨胀随之产生;当退休人口数量大于新增劳动人口数量甚至整个劳动人口时(如日本),就会发生通货紧缩。道理很简单,年轻人引发通货膨胀,他们散尽其财,却鲜少创造财富。相反,上了年纪的人更偏向于通货紧缩,他们支出减少,主要耐用品的消耗减少,借贷减少,储蓄增加。可以说,"人口悬崖"是现代历史上最重要、最独特的经济变化。

先来看下其他国家的"人口悬崖"状况,这里用普通家庭可预测支出顶峰来观测不同国家的支出峰值情况。

最典型的,日本在 1942 年和 1949 年经历了最后两次"婴儿潮"。日本的消费浪潮滞后于出生高峰 47 年,在 1989 年和 1996 年两次达到峰值。紧随日本之后的是美国在 1957~1961 年的出生高峰,以及加拿大在 1960 年的出生高峰。因此,北美的消费浪潮在 2007 年前后涌上浪尖,之后开始落下崖口,支出放缓。欧洲的消费浪潮继美国之后涌起然后也相继回落。德国是在 2013 年之后首个落下"人口悬崖"的欧洲国家,同时还有英国、瑞士及奥地利。韩国的消费将在 2010~2018 年达到顶峰,之后会像日本一样大幅跌落,且该情形会持续数十年。

再来看我国,作为世界上经济增长最快的新兴经济体,我们的经济活动人口将在 2017 年达到峰值平台,随后开始滑落,届时通过影响劳动力,进而影响生产要素和经济增长变量,导致潜在增长率下降。而"人口悬崖"预计出现在 2025 年,也许在未来数十年是唯一冲向劳动力和人口支出增长顶峰的新兴国家。原因在于,20 世纪 80 年代初期实行的计划生育,使生育率从 60 年代平均一名妇女生 6 个减到了 2000 年只有 1.8 个……

现在"人口悬崖"的原因知道了,结果也基本可以预见,看看我们的应对措施吧:源头上放开计划生育,结果上推行城镇化。先说城镇化,这是 GDP 最快速的增长途径，将农村人口迁移至城市，能使收入和支出增加两三倍，但重点是要有切实可行的工作存在，否则农村人口迁移之后找不到活干，也只能迷失在茫茫都市中。在经济降速的背景下如何能够保证这些工作机会的供给，也是个需要思考的问题。另外一个措施，全面放开"二孩"，根据人口学经验，少生孩子是城镇化与财富水平不断上升的社会中的人都会做的事情。因为在不断城镇化的社会中，养育儿女的成本也在不断攀升，这无关伦理道德，只是很自然的人类本能。所以，这项措施的效果有待观察，而且时间上也来不及。

至于站在悬崖边上的我们应该如何投资？企业如何自救？等下次轮到小祝的时候再为您详解吧，回见。

2015 年 11 月 26 日

滚蛋吧！雾霾君

2015年12月1日，北京消失在茫茫雾霾中，望着窗外的空白，无数人在心中期盼风的到来。当蓝天已变成奢侈，当新鲜空气只能靠吹出来时，环境问题成为压在经济发展上的最后一根稻草。

这一幕曾经出现在1943年的洛杉矶，也曾经出现在1952年的伦敦。而洛杉矶用了50年战胜了雾霾，伦敦用了30年，并且一直在努力着。中国要用多少年？

11月10日，习近平在中央财经领导小组第十一次会议上提出："在适度扩大总需求的同时，着力加强供给侧结构性改革，着力提高供给体系质量和效率，增强经济持续增长动力。""供给侧结构性改革"的提出，是针对包括环境问题在内的我国经济发展中诸多问题的一剂良药，标志着中国宏观经济政策从需求管理向供给管理的重大转向，中国经济转型有望迎来实质性突破和转折。

之前的短期、快速疗法已经难以帮助中国经济走向复苏。无论是2009～2010年的"四万亿"，还是今年以来央行的5次降息降准、国家发改委新批基建项目超过 2 万亿元人民币的投资刺激，均收效不佳。因为，中国企业部门过度负债、产能过剩，货币宽松并不能刺激实体经济领域的投资，只会推动资产价格膨胀。中国经济面临的不是短期的、周期性的、外部的冲击，而是中长期的、结构性的、内部的压力。此前"凯恩斯主义"色彩浓厚的需求刺激政策，并未有效缓解经济下行压力，反而制造了一次暴涨暴跌的股市大泡沫，放大了金融风险。11 月 18 日，习近平在亚太经合会议指出："要解决世界经济深层次问题，单纯靠货币刺激政策是不够的，必须下决心在推进经济结构性改革方面作更大努力，使供给体系更适应需求结构的变化。"

如何进行"供给侧改革"？总结各方建言来看，具体政策包括：(1) 从结构性减税到大规模减税，降低企业成本；(2) 放松政府管制，减少行政审批，提供良好的供给服务环境；(3) 减少过剩产能行业的生产，减少低效、高能耗生产，化解房地产库存；(4) 减少垄断，推进国有企业股权多元化改革，促进市场自由竞争，改善供给；(5) 加快城乡之间土地、资金、人员等要素的流动，实现合理化配置，提高全要素生产率；(6) 改进基础服务价格形成机制，有效控制基础设施和基础服务的成本；(7) 通过创新、技术进步和"工匠精神"提升产品质量。与凯恩斯主义的立竿见影不同，供给侧改革要求的是大胆的减税、痛苦的结构性调整、自我革命的简政放权。

不仅如此，我国已经实施的几大重要政策，也是"供给侧改革"的重要帮手。"一带一路"倡议将我国过剩的产能有效输出到产能需求国，一方面削弱供给侧改革减产带来的巨大动荡，另一方面促进相关企业向着高质量、高技术含量的方向发展，从过剩产业转向新兴产业。"工业制造 2025"是直接从企业供给方面提升效率和质量，引导供给发展方向。"国企改革"是减少垄断，提高竞争，从而降低供给成本，提升供给效率。连"全面二孩"政策也是为解决未来劳动力不足的问题。这些重大的政策指向，表明了政府直面困难的魄力、坚定改革的决心和"功成不必在我"的气度。我想，在不远的将来，无论是笼罩在空气中，还是经济上，抑或是人们心头的雾霾，我们都可以铆足劲大喊一句——

"滚蛋吧，雾霾君！"

2015 年 12 月 3 日

人民币放进"篮子"

11月30日,IMF执董会投票决定将人民币正式纳入SDR,新的SDR货币篮子将于2016年10月1日生效,人民币将成为其第五种货币,权重为10.92%。

得益于过去几年的不懈努力,人民币现在是全球第二大贸易融资货币、第五大最被广泛使用的国际支付货币、第七大储备货币。截至2015年中,全球有19个离岸人民币清算中心,中国人民银行与33个国家的央行签署了双边本币互换协议,有效额度达3.3万亿元,离岸人民币存款近2万亿元。

人民币放进"篮子",将提升人民币作为储备货币的地位。虽然SDR相对全球外汇总储备规模较小,且SDR篮子货币权重并非各国储备管理的配置基准,但SDR是每个IMF成员国都持有的官方储备资产,加入SDR标志着人民币已获得IMF及其成员国的官方认可。因此,未来几年,各国对人民币资产的需求可能会显著提升。当然,许多国家的官方储备已经包含人民币资产。一份调查表明,已有38个国家持有人民币资产，占其全部外汇资产的1.1%。有超过70%的受访者表示他们已经或在考虑投资人民币资产，18%的受访者表示将在近期内增加其人民币资产敞口。

人民币放进"篮子"，并不会增加SDR总量（目前为2040亿SDR，约相当于2800亿美元），也不意味着成员国必须立刻购买人民币资产。SDR总量仅占全球央行储备总资产的2.5%。SDR仅是一种名义上的储备货币和记账单位。人民币放进"篮子"带来的唯一变化是目前的部分SDR（10.92%）将自动用人民币计价（该部分的成本将与3个月期限人民币利率挂钩），成员国层面无须任何操作。对IMF而言，这意味着2016年10月1日之后，如果成员国与IMF达成借款协议，成员国可以选择获取等价SDR的人民币。

人民币放进"篮子"，须满足"可自由使用"标准，而不需要资本账户完全可兑换。因此并不意味着中国将在明年实现资本项目完全可兑换，其意义体现在决策层会以人民币加入SDR为契机和催化剂，为进一步实现人民币国际化的目标，着力推进落实国内金融改革和资本项目开放，这些改革对提高资本配置效率至关重要。

"十三五"规划建议中，要求未来五年要"有序实现人民币资本项目可兑换"，包括推进资本市场双向开放，改进并逐步取消境内外投资额度限制，有序拓展和扩大境外机构参与银行间债券市场的主体范围和规模，放宽境外投资汇兑限制，放宽企业和个人外汇管理要求，以及支持人民币的市场交易和国际储备功能。这些措施都将有助于实现整体改革方案的主要目标——增加市场在资源配置中的作用。

截至今年二季度末，全球外汇储备规模达 11.5 万亿美元，如果未来人民币资产占比提升至 5%，则意味着外国央行将增加 4500 亿美元的人民币资产需求。不过，外国央行是否会，以及会以何种速度增加人民币资产配置，将取决于可投资人民币资产的可获得性和流动性、国内金融市场和对冲工具的发展，及其对中国货币政策和金融体系风险的判断。因此，虽然人民币放进了"篮子"，但进一步推动金融市场发展及推动相关改革才是人民币成为国际货币的关键所在。

毕竟，在那个"篮子"里，人民币多少有点儿另类。

2015 年 12 月 10 日

悬崖自救法

当前的世界已经进入了一个更加老龄化的社会。伴随着世界主要经济体 65 岁以上老人比例快速上升，一方面，养老、社会保障及医疗卫生等"老龄化成本"支出占政府财政的比例日益攀升，对政府在创新投入及青年群体扶持上产生了"挤出效应"；另一方面，随着一个世代达到消费支出峰值，经济在下一人口世代成长起来之前会一直减缓，也就是我们上一次为大家介绍的"人口悬崖"。目前全球贸易年增速从 21 世纪初的 20％降至 0 左右，即全球贸易出口增速已经停滞，"人口悬崖"对于全球消费需求的冲击正逐渐显现，所以，我们今天就来谈谈在悬崖边上如何自救。

随着人口世代相继老去，产品周期接连不断地发展，影响着经济的一轮又一轮浪潮。如果能够理解消费者在出生到去世的整个生命周期内的支出状况，就可以预测出数十年之后的消费者支出变化，正是这些变化将在未来数年推动产业或产品走势，而这也是我们"自救"的策略。

因为中国没有相关的数据统计，所以这里借用了一下美国劳工统计局自 1980 年开始的消费者支出调查，该调查基本提供了消费者整个生命周期的信息，虽然时间点上可能与我国有些不同，但路径上基本是一致的。以下说的是整体情况，请勿对号入座。

人们在消费者生命周期的第一阶段——18～22 岁加入劳动力大军；在 31 岁时购买首套房产；33 岁左右时，子女们上小学，儿童看护支出达到顶峰；更换房购买出现在消费者 37～41 岁时；42 岁左右时，食品与孩子的养育开支最高；步入中年后，随着不断更新家具，消费支出在消费者 46 岁时达到顶峰，这与普通家庭的总支出峰值出现在消费者 46 岁时恰巧吻合；度假房的首波购买浪潮出现在消费者 48 岁左右；54～60 岁时，度假与海外旅行的支出不断增加；55～60 岁时，医院与医疗支出达到顶峰，人寿保险与财务计划同时登顶；人们从 63 岁开始进入退休阶段（这与我们未来是一样的），储蓄与资产净值在消费者 64 岁时最高，健康保险在 68 岁达到顶峰；医疗保险支付在消费者 74 岁时达到顶峰，丧葬费则在消费者 78～79 岁时达到顶峰；处方药物的支出在消费者 77～78 岁时登顶，养老院支出在消费者 84 岁时最高。所以，根据年龄结构的变化趋势，未来最佳的消费市场将集中在医疗与健康、养老、健康及人寿保险等领域。

至于大家比较关心的房地产，由于房地产是杠杆化最高的产业，随着离世的世代人口规模逐渐大于购买者世代规模，供大于求的情况将会使房地产的结构和地位发生转变。我们先看首个跌落"人口悬崖"的国家——日本。日本的房地产泡沫于 1991 年达到峰值,晚于该国 1949 年出现的最后一次人口高峰 42 年。再看首先跌落"人口悬崖"的主要欧洲国家——德国,其住房净需求也在 2000 年之后触顶回落,这也解释了为什么德国政府已经在接手商业与住宅开发项目,并将其改建为公园。

房地产主要部分与人口年龄相关情况表现为(括号内为达到顶峰时的年龄区间):公寓(26 岁)、过渡房(31 岁)、更换房(42 岁)、度假房(54~60 岁)、养老房(63~65 岁)、养老院(84 岁)。所以,未来最好的房地产部门为养老地产。

2015 年 12 月 17 日

"背叛"的阿根廷

12月17日,美联储公布了近10年来的首次加息,飞翔了近两年的靴子终于落地,耶伦喊美元"回家了"。市场预测的加息后其他国家资本外流,在阿根廷身上起到了立竿见影的效果——加息当天,阿根廷取消外汇管制,资本外逃,本币比索暴跌30%,最大跌幅一度增至41%。

正当市场担忧阿根廷之于南美洲会不会相当于亚洲金融风暴时的泰国时,阿根廷紧接着又做了个让中国无奈的"小动作",阿根廷央行宣布将31亿美元的人民币储备资产换成美元。这位南美兄弟拿一堆比"废纸"强不了多少的比索换了200亿元人民币(约31亿美元),在关键时刻又拿这些人民币兑换成31亿美元。要知道,2014年7月习近平访阿期间,两国央行才刚刚签署了两国货币互换协议(三年内互换折合110亿美元货币规模),迈出了人民币国际化进程中的又一小步。

对我国而言,阿根廷央行的这一举动,一方面要求中国央行的人民币国际化策略需要紧跟国际市场不可预知的变化适时调整并做出预案。另一方面,国际化之路好事多磨,需要以我国综合国力增强和货币自由化程度提高双轮驱动。

需要警惕的是，近年来中国人民银行与其他国家央行的货币互换规模已超过 3.3 万亿美元，一旦形成将人民币又兑回美元的链条反应，蕴含的风险将不容小视，须审慎提防人民币出海征途上的险滩暗流。

其实，早在 1997～1998 年亚洲金融危机期间，其他亚洲货币崩盘时，人民币踏踏实实地充当了"防火墙"，因为那时人民币还和美元挂钩，随着美元上涨而动。如今美联储启动加息周期，新兴市场都必须面对新一轮汇率波动的洗礼，人民币这道"防火墙"会慢慢消失。这既会让那些经常项目赤字需要融资的货币所在国眉头紧锁，也会让在美元升值时有偿还美元债务压力的国家踌躇不已。

近些年，美国政府一直借新债还旧债，奥妙就在于国债收益率持续降低。2018 年是关键之年，因为自 2008 年开始发行的 10 年期国债将到期，若国债收益率大涨，风险资产必将暴增，美国的加息之路必将被封堵。

这一轮人民币的循序贬值又结结实实地重击了美元，全球的国际贸易规则有可能重新洗牌。根本原因是中美经济周期出现了重大差异，人民币"盯住美元"的策略必须调整。

美国在金融危机之后，率先完成了新一轮工业革命，经济强劲复苏，就业和通胀率都出现了回升。量化宽松已经被美国玩儿到极致，继续下去，美元只能在美国资本市场空转，资产价格虚高引发泡沫破灭，然后巨量美元导致美国国内恶性通胀，继而在世界范围内波及美元币值。为规避这种系统性风险，美利坚不仅结束了量化宽松，还有必要迅速进入加息周期。中国恰恰相反，经济面临沉重的下行压力：一方面需要转变经济增长方式；另一方面需要降准、降息、减税、扩大财政支出，依托"供给侧"。此前人民币跟随美元，跑得气喘吁吁，现在如果继续跟随美元升值，只能出现经济上"心悸"和"心律不齐"！

人民币入篮，让全球充分认识到人民币的重大影响和合理地位；人民币的循序贬值使空头不敢肆意做空，无从获利。因此，尽管有美国加息，不靠谱的阿根廷"抛弃"人民币，但审慎稳健和多元有效的人民币汇率策略必将会为人民币的出海征途保驾护航！

2015 年 12 月 24 日

压轴戏

辞旧迎新,年末大戏——万科股权争夺战正在上演。这其中的复杂关系、智谋心机可一点儿都不输当下银屏霸主《芈月传》。

万科1984年成立于深圳,它的掌门人是爬得了珠峰、上得了哈佛、煮得了红烧肉的王石。王石靠做饲料中介商,通过倒腾玉米起家,逐步把万科幻化成中国最大的房地产公司,地产第一蓝筹股。就像芈月公主,每一个芈月都有一个公子歇,而万科的公子歇就是——华润。作为国资委直属企业、产值第五的央企,华润集团可谓是出身高贵,身世显赫,有钱有闲。十多年来,虽然几次改变持股比例,但华润对万科的控股从未超过20%。华润和万科一直保持着诡异的默契,华润作为大股东,并不介入万科的经营。正所谓:你负责挣钱养家,我只管貌美如花。

可惜,好戏就是剧情跌宕起伏。宝能系看上了万科,就如义渠王撞上了芈月。来自海边的宝能集房产、物流、保险、教育、医疗、农业等多种产业于一身,老板是卖菜出身的神秘人物姚振华,据说是卖大米出身的李嘉诚的老乡。终于在2015年初,宝能发起拿下万科的攻坚战。

这错综复杂的人物关系真是一时半会儿理不清，最重要的是每个角儿还都有自己心里的"小九九"。早在宝能系持股5％时，王董就发朋友圈了：深圳企业，彼此知根知底。宝能系增持10％时，王石和姚振华在另一位地产大佬办公室会谈，宝能表态：我当了大股东，你王石还是旗手！王石的回复也是言简意赅：我不待见你！

现在剧情进入了最焦灼的部分，小公主的爱慕者表现也各不相同。宝能系已经花了300亿元，深交所发函也不怕，面对万科的拒绝，从不改变爱的决心。至于华润，增持一次之后就一直没有动静，要知道贵公子背后的大家长是国资委。爱情不是全部，行动还须谨慎。其间，中粮对于外界谣言也只是回了一句：没有的事儿。而手上攥着5％股份的安邦系，深夜和万科来了一段关于"我们"的表白，为剧情演变又平添变数，观局者如身处单双号限行的帝都。

此次万科股权争夺战无论结果如何，对于市场来说，都是可以写入教科书的经典案例。首先，传统产业资本会与险资等外部资本，尤其是金融资本有更大的碰撞，不管是安邦还是宝能，都有险资的身影。在中国当下的金融体系中就资本运作与资金实力而言，没有哪一类机构可以和保险公司抗衡。这对公司治理结构的改善是一个重大的挑战和机遇。其次，近年来，我国金融业发展明显加快，形成了多样化的金融机构体系、复杂的产品结构体系、信息化的交易体系、更加开放的金融市场。日益综合的经营结构，确实给现行的分业监管体制带来重大挑战，老炮儿六爷说，江湖也得有规矩，金融监管体制改革迫在眉睫。最后，也是最为重要的——中央经济工作会议公报上说了，"资本市场要配合企业兼并重组。要尽可能多兼并重组……"重要的事情只说了一遍。

《芈月传》本就是为跨年准备的一出大戏，而万宝互撕，多少有些意外；《芈月传》虽然结局会在明年揭晓，但是千年之前已经尘埃落定，而围绕万科股权之争，以及伴随中国经济转型升级的资本市场并购大戏才刚刚登场。

期待 2016。

2015 年 12 月 31 日

时过境迁

最近冯导，哦不，冯影帝的《老炮儿》不知各位看了没？一部极富沧桑感的电影，讲了一个"时过境迁，爱的代价"的故事，让人产生一种担心被时代抛弃的害怕，还有对父辈的敬畏和心疼。电影中的两个主题都很容易触发感慨，但关于情感，建议大家到电影院中细细品味，今天趁着 2016 年的第一期，主要和大家聊聊"时过境迁"的主题，2016 年相比 2015 年会发生哪些变化？

2016 年的经济会有哪些新的变化？2014 年是很困难的一年，2015 年是数据很难看的一年，2016 年嘛，至少是大家对经济下行预期很一致的一年。在经历了 2014 年的纠结和 2015 年的煎熬之后，市场对于 2016 年淡定了不少。然而正所谓"不破不立"，最坏的时候，往往可能是最好的开始。

短期来看，2016 年已经逼近经济增速换挡的拐点，下行空间较为有限。第一个迹象来自融资需求恢复。在央行连续降息以及向商业银行直接输送流动性的背景下，加权贷款平均利率从 2014 年的 6.77% 下降至

2015年第三季度的5.7%，而这一趋势将大概率在2016年延续。从历史的经验来看，融资需求的恢复往往滞后于实际融资成本的下降，这将缓解企业的经营压力。第二个迹象来自消费链条的改善，2015年前三季度我国最终消费对GDP增长贡献率达58.4%，消费成为经济增长的主要驱动力。2015年10月以来的购车优惠等政策促进了消费及相关领域去库存情况的改善，成为11月工业生产反弹的动力。前期政府寄希望于基建对于稳增长的托底，但受到地方"怠政"的影响一直不及预期，而消费刺激类不受此影响，且见效较快，预计2016年还会继续发力。第三个迹象来自互联网背景下的产业升级，2015年，一场"互联网+"的风潮席卷了中国的产业和资本，这场风潮将在2016年延续，促进整个社会效率的提升。

长期来看，2016年是供给侧改革的元年，当前比经济增速更值得关注的是经济结构。近13年，政府先后强调了去产能、去杠杆和去库存，而效果始终未及预期，原因在于改革阻力重重。中央经济工作会议重点强调了这些十几年来的未尽使命，料想2016年将是破局之年，各种"新"与"旧"的较量开始显现。一是新动力和旧产业之间的协调。新的增长还未成型，旧的产业现在依然是国民经济的主要支撑，就业、税收都是不得不考虑的因素。二是新产业和旧地租之间的取舍。上一轮经济发展中，房地产投资对增长的拉动功不可没，而本轮的结构调整、产业升级，必须从创新、创意、效率入手，成本需要更多地体现在知识产权的价值上。三是新市场和旧激励之间的交接。"小政府"和"大市场"是供给侧改革的核心，真正有效的转型要从新的行政考核机制开始。四是新主体与旧利益之间的竞争。供给侧改革将带来新一轮市场主体的发育，如何与旧的固有利益竞争，也是供给侧改革的关键。然而，"新"与"旧"的切换与过渡，此消与彼长，势必会带来阵痛，这也是我们2016年需要防范的风险。

希望各位看完这些文字后，会对即将发生的变化有所预期，不要像《老炮儿》里面的六爷(冯小刚)那样，一刀杀气，满腹委屈……

2016年1月7日

未来世界的中国心

未来的某一天,你坐在家里,宛如在赛场上身临其境地观看足球比赛。未来的某一天,你坐上汽车,在车上看电影、吃大餐又美美地睡了一觉,醒来时已抵达目的地,而你的司机仅是你的爱车本身。未来的某一天,你打开冰箱才想起忘了采购食物,门铃响起,你惊喜地发现,包裹里都是你想吃的食物,原来这是你的冰箱按照你的喜好和习惯为你量身订购的。这不是科幻片,更不是恐怖片,而是我们的未来生活。而这个未来,并不遥远。

1月6日～9日,美国拉斯维加斯,一场全球科技狂欢正在上演,为世界展示未来生活的模样。这就是国际消费类电子产品展览会(CES),世界上最大、影响最为广泛的消费类电子技术年展,"全球流行科技风向标"。已举办47届的CES展会每年都云集了时下最优秀的消费类电子厂商和IT核心厂商,从其展示的技术理念和炫目新颖的科技产品中,可一窥未来3～5年全球消费电子的发展趋势和方向。而今年的CES展最大的不同,就是"中国品牌"的集体亮相,中国智造闪耀拉斯维加斯。

在今年 CES 的 4119 家参展商中，共有 1300 家中国厂商参展，比去年翻了一番还多。而在本届全球 20 个最佳创新大奖的角逐中，中国企业更是占了两席，生迪和联想联袂胜出。

生迪此次获奖的 Sengled Voice 通过把麦克风及扬声器的功能集成到 LED 灯泡，室内有 WiFi 覆盖即可实现语音控制。联想获奖的 YOGA 3 Tablet 平板电脑内置了投影仪，可以将墙面或天花板转变成 70 寸超大屏幕，而平板本身也可以带来剧院般的观影体验。不得不说，前者用一个小小的灯泡做载体连接起整个智能家居，后者将更舒适的感官体验集成到随身电脑里，中国企业的创造力和"以人为本"的用心，都让人相信科技会令生活更加美好。

此外，在无人机、智能穿戴、机器人等领域，大疆、零度、华为、中兴、TCL 等中国厂商展台都聚集着超高人气，而火爆展台背后，是中国智造的创新科技，是踏踏实实做产品、为了解决用户痛点下苦功夫的中国制造业企业家。

除了产品的展示外，一个新的亮点是，更多中国公司开始在本届 CES 中进行理念输出，同时谋局海外，进行实质性跨国合作。譬如，海信借收购夏普美洲电视业实现技术输出；康得新携手飞利浦、杜比打造全球领先的裸眼 3D 产业联盟。最令人瞩目的是，乐视在本届 CES 期间宣布与美国电动汽车公司 Faraday Future 达成战略合作，在汽车、技术、互联网和云、娱乐内容等方面开展共享与合作，共同打造下一代互联智能交通工具与出行方式。同时，乐视揭幕了首款名为FFZERO1的电动超级概念跑车，让人实实在在地感受到了科技感和未来感。

事实上，乐视正是中国一类企业的代表，它们敢于竞争、善于竞争，用科技提高生产力、用创新占领市场、用资本开疆拓土。

这些响当当的中国企业以中坚力量的身份，借助全球化平台，喊出"中国品牌一起向前"的口号，不仅积极响应了从"中国产品"到"中国品牌"的政策大势，更标志着中国企业正向着建设制造和装备强国的战略目标阔步迈进，为"中国制造2025"的国家战略贡献实实在在的力量。中国企业，正在努力用科技裁量生活，用创新点亮未来。未来世界，一片红红的中国心。

2016年1月14日

美刀下的人民币

岁末年初，离岸人民币两天内大涨千点，多空势力展开一波新的较量。然而，似乎美元持续转强的趋势已经形成。

强美元，一般是指美元指数超过 100 的强势美元汇率。去年三月，美元指数上试 100，这是美元在近 30 年间第三次叩问 100 大关。而去年年底美联储宣布将联邦基金利率上调 25 个基点至 0.25%～0.5%，这是美联储 9 年多以来的首次加息，从而再次强化市场对美元走强的趋势判断。

历史地看，强美元就意味着全球弱资产和弱商品。似乎是为了配合美元转强，全球各类型资产价格都出现大幅度下挫，黄金和石油等大宗商品价格亦同时大幅度下挫。

经济学无所谓对错，经济学讲究边际。持续近 25 年的弱美元，有着复杂的国际政治经济背景。苏联解体后，美国的金融资本变得肆无忌惮，开始了长达 25 年的金融资本主义扩张。弱美元的历史过程，就是这一金融扩张的逻辑基础。

弱美元，可以导致资产价格暴涨，致使资本利得大幅度攀升。当然，也导致了美国政府的巨额财政赤字，以及美国中产阶级的贫困化。同时，弱美元下的高资本利得，不利于美国的工业化升级，阻碍了美国的科技进步和经济增长。然而，弱美元是美国金融资本的盛宴。弱美元有利于美元资本输出，有利于美元资本获取国际投资暴利。

弱美元进入我国后，与强人民币匹配，形成了投资收益与汇率收益双保险。于是，大规模的美元资本，在"弱美元＋强人民币"的模式下涌入我国，美元资本虹吸了我国优质资产和廉价商品。当然，我国经济也因此获得了全球罕见的高速持续增长。然而，20年过去，财富的转移接近极限，强人民币走到了极限，弱美元与强人民币的完美组合走到了尽头。美元资本决定撤离了，撤离过程必然导致美元转强而人民币转弱。历史地看，强美元将导致一系列的政治效应，比如冷战的结束以及汇率战中前苏东经济体的崩溃。

汇率战，形式上是货币的价格战，实际则是投资战、贸易战。投资战，意味着你的资产丧失了吸引力，国际市场决定抛出你的资产。贸易战，意味着你的商品出口受限，国际市场拒绝购买你的商品。在投资战上，我国的楼市和股市确实炒得太离谱，如果不减持操作这些资产反而奇怪。在贸易战上，由于人民币迅猛升值，我国商品也正在迅速丧失竞争优势，如果情况不能得到有效改善，贸易战前景亦不乐观。

看一下我们的邻居们，日元从70贬值到125，日本的资产和商品开始有竞争力。从日本开始，环绕中国的所有国家，都在贬本国货币并加速工业化和再工业化。越南盾 2008 年曾经出现每天贬值 5%～7%的奇葩景观，去年贬值幅度也超过 5%。与此同时，美国的资本开始大规模地撤离，同时变现并囤积了天量的美元现金，准备进行大规模的猎捕吞并。

有道是，善守者藏于九地之下，善攻者动于九天之上。然而也有道云，站着说话不腰疼，评论容易，判断很难，决断就更是难上加难。这就又回到了问题的起点：美元真的转强了吗？如今是否又一轮强美元的政经效应出现？还能强多久？请下注。

2016 年 1 月 21 日

红与灰

正逢丙申年第一期，这里先给您拜个晚年，祝各位在今年吉星高照、幸福围绕、事业节节高。

按照过年胖三斤的节奏，小祝也嗨皮地过完了春节长假。不过纵观海外，这段时间的情绪可不怎么高。德银巨亏 68 亿，耶伦证词鸽派程度不及市场预期，朝鲜发射卫星，沙特派兵进入叙利亚，全球股市等风险资产下跌，黄金、国债等避险资产上升。在度过了"春晚红"的七天之后，海外的各种风险又把我们拉回了"现实灰"。

你看，还是不看，全球经济前景都是黯淡。短期来看，货币宽松效果下降、结构性改革迟缓、去杠杆压力增加。2008 年金融危机以来，全球主要经济体的刺激措施无一不是货币放水，缺少结构性改革。货币放水表面上可以暂时避免衰退，但量太大就会延缓出清，就像一个靠着止疼药维持的病人，加重了药物的剂量充其量只是让他看起来多精神两天，而且容易产生依赖，正如去年年底之后全球市场所经历的对于货币政策转向担忧和央行重新释放宽松预期那样（欧洲央行宽松低于预期，美联储加息，中国降准预期未兑现，以及随后产生的宽松政策转向担忧导致全球市场大跌，直到央行相继发声，释放宽松信号，风险偏好才有所修复）。

长期来看，人口红利逐渐消失，各种传统的增长模式相继走到极致（欧美的货币宽松模式、中国的投资增长模式），全球面临严峻的结构性矛盾。杠杆在长期低利率环境下被过度积累，德银巨亏或只是冰山一角，经历过雷曼的教训，我们猜测这可能只是开始。

相对于全球范围内结构性改革缺失的灰，我国正在稳步推进的供给侧改革无疑增添了一抹红色。

长假最后一天(2月13日)，财新网发布了对央行行长周小川的专访。周行长在这个时点通过一家财经媒体长篇地阐述自己的想法，绝不仅是"人民币不具有贬值基础"这么简单。从历史经验来看，成功的结构性改革大多配套中性或偏紧的货币政策，因为货币紧缩短期压缩需求，长期减少无效供给，有利于市场出清。

从周行长专访的表述来看，2008年以后的量化宽松带来了资产泡沫和调整压力，而调整总是痛苦的，周行长从措辞上似乎已经对此做好了准备，给市场传达的信息就是对货币政策不要期望太多，未来将整体中性，不会主动放水和扩张资产负债表。

关于这一点，央行在四季度货币政策执行报告中也给出了态度："供给侧结构性改革短期可能会加大经济下行压力"，"但也应看到，若过度依靠刺激需求以及基建和房地产投资会进一步推升债务和杠杆水平。因此，还须通过供给改革来释放有效需求"。

其实我们可以从日本经济"失去的 20 年"中得到启示。政府通过无穷无尽的刺激保护旧有体系，砍断了自由市场体系中"看不见的手"，从未想过组织经济实现本身的平衡，进而从废墟中生发出更好的体系，于是创新与变革一片灰暗。庆幸的是，我们已经意识到了这一点，推出了供给侧改革。而这轮改革是否能为中国经济带来红火的未来，就要看政府面对阵痛的勇气和决心了。

2016 年 2 月 18 日

超速的树懒君

《疯狂动物城》剧情忒杂,童心与残酷交替纠结着每一个观众。其中一梗,笑翻全场:兔警官朱迪和狐狸王尔德遭遇史上最慢车管所业务员——树懒以超级慢速成功逼疯了急性子的朱迪警官。树懒是一种懒得出奇的哺乳动物,什么事都懒得做,甚至懒得去吃,能耐饥一个月以上,即便面临危险,其逃跑的速度还超不过 0.2 米/秒。而剧中的树懒君,是编剧派来的逗比。多色的领带,慵懒的笑容,自信的慢风格,经典的 polo 衫,家族政府机构的悠闲生活,还有他的跑车,真实身份莫不是官宦子弟兼富二代?剧情最后,超级慢的树懒君居然被开了罚单!超速啊亲,理了一下思绪,油门就到底了,底了,了……慢的习惯竟然栽在了快的结局上。

据说,一个人一天的行为中,大约有 5% 是属于非习惯性的,而高达 95% 是属于习惯性的。同一个动作,如果重复三周,就会变成习惯性动作,如果重复三个月,就会形成稳定的习惯。一个人从出生到长大,身上总会养成这样或那样的习惯,这些习惯具有强大的力量,足以改变一个人的人生。

生活中，人们的习惯有好坏之分，但是如果思维形成习惯，那就未见得是件好事了。尤其是每当我们遇一次阻挠，就会变得更加小心、胆怯，甚至是放弃，从而导致消极思维定式，这对于创新、发展乃至生活本身来说都是不幸的。

有一个著名的实验：将一只跳蚤放进一个容器里，容器的高度刚好为跳蚤能够达到的位置。为了防止跳蚤从容器里跳出，实验者在容器上面放了一块玻璃隔板。第一天，跳蚤表现得十分活跃，它一次又一次地撞击着玻璃，大有不达目的不罢休之势。可是，过了几天跳蚤上跳的频率明显减少，几个月后，跳蚤已不再做任何努力，即使容器上方的玻璃抽掉了，跳蚤也丝毫没有任何举动，它已经完全习惯了当下的生活。紧接着，实验者又将另一只跳蚤放进一个容器里，容器的高度略微超过跳蚤上跳的极限，上面没有再加盖子。跳蚤每天都会习惯性地往上跳，虽然每次它都无法超越容器的高度，但它仍然乐此不疲，之后的一天，奇迹发生了，跳蚤跳出了容器。

做个小测试吧：三个5，一个1，请运用加减乘除运算法则得出结果24。据说如果在一分钟内算出，那你的思维一定很开阔；如果在一天里算出来，说明你还算有恒心；如果在一个星期里算出来，应该说你的思维比较定式；如果在一个月内你都算不出来，唉，那就别算了。

回到开头的话题，从《白雪公主和七个小矮人》到《疯狂动物城》，迪士尼完成了自己从睡前童话到政治寓言的转型，乌托邦式疯狂号称是一种文艺世界观的创新。按照我国动漫从业者的思维习惯，动画片就是给孩子看的东西，邪恶永远败给正义。而《疯狂动物城》，隐约间感觉和当年宫崎骏老爷子创作的《千与千寻》非常相似，处处透着《丛林生活》气息。成年人看政治讽刺和阶级偏见，青年人看追逐梦想，儿童看可爱的动物和我们这些老年人已经看不懂的梗。

现实生活，比银幕上的世界复杂得多，我们需要脑补在各种习惯与成见出现之前的那些画面：一位探险家向南走了 1 英里，然后，折向东走了一段路，再后，又向北走了 1 英里，结果他回到了原来的出发地，并遇上了一头熊。你说，这熊是什么颜色的？

2016 年 3 月 17 日

网红的价值

最近,"罗胖+O=Papi 酱"的话题引爆了新媒体圈。

Papi 酱,新晋网红,凭借 40 多条原创短视频,在短短几个月内刷爆朋友圈。微信图文发布后阅读量分分钟达到"10 万+",微博粉丝 768 万,腾讯、优酷各个平台累计播放量超过 2.9 亿次。在信息爆炸再爆炸的今天,Papi 酱用长度在 1~3 分钟的,通过后期剪辑、变声而制作的短视频,语速飞快地进行"自黑"与"黑人",对观众形成洗脑式的强力冲击。

3 月 19 日,罗辑思维与真格基金、光源资本以及星图资本共同投资 Papi 酱及其合伙人杨铭 1200 万元人民币,Papi 酱的估值被传有 3 个亿。

于是问题来了,网红 Papi 酱有这么大的价值吗?

对于罗胖和徐小平这些投资方来说,绝对值!2015 年网红张大奕的淘宝店收入 3 个亿,雪梨的淘宝店收入 2 个多亿,网红张沫凡卖化妆品收入近一个亿。而她们的流量与网红界排名第二的 Papi 酱(第一是王思聪)根本不在一个量级。投资后,罗胖亲自当起了 Papi 酱的销售总监,迈出的第一步是做"中国新媒体世界的第一次广告拍卖"，拍卖 Papi 酱的视频贴片广告。仅仅是限量 100 张标价 8000 元的入场券，就已收入 80 万元。在罗辑思维的宣传忽悠下，说不定某个大款脑子一热投资上亿元广告费，投资方就可以实现迅速变现。不仅如此，投资方先用投资行为本身推高了 Papi 酱的估值，再通过这样一场"标王拍卖"提升 Papi 酱的影响力和话语权，或许接下来就有投资人接盘，排队以更高估值投资 Papi 酱。当然，如果投资方还计划与 Papi 酱长期合作的话，说不定能和 Papi 酱一起探索出一条长期稳定的盈利模式。

对于互联网投资人来说，O2O 不能投，社交不能投，更深的领域老基金都早已经布局完成，周期长，标的少。只有内容产业，创业门槛看起来不是很高，社交媒体黄金十年积累下的人才供给又充足，加之经济下行，只有电影、游戏等娱乐产业反周期飙红。因此从去年下半年起，IP 开始火爆，投资人挥舞着钞票进场了。他们中的大多数还在摸索游戏规则，但是又害怕错失这一波的红利，他们比创业者更需要这笔投资。

对于 Papi 酱和广大受众来说是否值就不好说了。尽管短期看有可能把巨大的流量变现，但互联网新媒体带给网红的不仅是低门槛高关注度，还有受众无限自由的选择空间以及百花齐放的竞争者们。Papi 酱只用了 5 个月就拥有近千万粉丝，但也可能很快就被后起之秀取而代之。而且，Papi 酱自己贴上的"无广告""穷得只能当网红"的标签被摘下后，她的价值也就大打折扣，粉丝数恐怕会骤减。另外，Papi 酱虽有强大的粉丝基数和传播范围，但粉丝更偏屌丝化、娱乐化而缺乏商业转化能力。接受投资之后的 Papi 酱，如果不能解决内容生产的可复制性及可持续性，不能解决广告购买客户的转化率，不能将围观粉丝转化为肯付费的"铁粉"，未来的盈利能力将会非常有限。

  我还记得十几二十年前看过的电视剧，却已然不记得昨天看过的网络视频。在压力山大、精神匮乏的今天，平民狂欢造就的网络红人更多的是"一种喧嚣的泡沫"。我能理解他们为什么红，却无法成为他们的拥趸，无脑搞笑的多，触动心弦的少，越是哈哈大笑，越是空虚无物，越是装模作样，越是贻笑大方。不如，静下心来，多读几本好书，思考一下人生，努力工作生活。

2016 年 3 月 24 日

调控背后

一个周末,上海、南京、深圳、武汉全部出台了严厉的调控政策。天啦噜,好大的阵仗,这背后到底发生了什么?说好的居民加杠杆呢,咋就开始去了呢?说好的供给侧改革呢,咋还是在需求端调控呢?说好的户籍制度改革呢,咋户口还这么重要呢?

其实冷静下来想想,阵仗虽在意料之外,做法倒也在情理之中。目前国内楼市呈现冰火两重天的状态,一边是全国高库存难去,一边是优质城市(主要是一线和部分二线城市)房价暴涨。以上海为例,国家统计局发布的2月份住宅销售价格变动情况显示,上海新建住宅价格比上个月上涨2.4%,同比去年上涨20.6%,二手房环比涨幅达到5.3%,同比上涨20.3%。所以,这个政策的思路就是,去一二线的杠杆,为的是去三四线的库存,还能缓解"大城市病"。再通俗点说就是,别在大城市买房啦,去三四线城市买房吧;还没买房的,也别在这挤啦,你以为几年之后还能买得起吗;好男儿,志在四方,为国出力,回老家去库存!

呵呵,理想很丰满,现实很……嗯……不确定。

先从经验来看，以史为鉴嘛。五年前，2011年2月北京实施"限购令"，之后在2013年4月提高二套房首付比例至七成，然而调控以来北京房价却上涨了44％，远高于同期20％的全国平均涨幅。五年前，北京房价比现在的一半还要低，同样的房子，五年前买可能只要300万，一个普通家庭咬咬牙凑个首付，贷款就买了。现在是七八百万，多出来400万，实在买不起了。为什么越调越涨？因为需求太猛烈，打压之下只会让其提前释放。所以我们再来看需求。

需求无外乎两种，消费和投资。先看消费，就是自住的，既然是用户籍来卡，那主要就是在卡打拼的外地人。为什么外地人通过购房在大城市扎根？除了"大城市病"，还有"小城市病"您听说过吗？我国大量的小城市由于发展资源不足和单一，内生性发展能力欠缺，产业单一，市政资源严重缺乏，就学、就业、就医都不能和大城市相比。特别是在经济下行压力加大期间，随着钢铁、煤炭等资源价格下跌，单一的产业结构也遭遇沉重打击。今天还在朋友圈看到一篇帖子，叫"中国正在衰落的城市"，感触颇多。如果小城市的造血功能和市政资源无法改善，那未来还是会有大量的人口向大城市集中。然而大城市就那么几个，土地也就那么几片，供需严重失衡的结果就是房价继续涨。

再看投资，过往多年的实践证明，股市、债市有波动，信托、银行理财收益率可能下降，只有一线城市房价的趋势总是向上的。特别是在经济下行以及资产荒的背景下，四成上市公司的利润抵不过北上广深一套房。你让这些人去三、四线投资房地产，去库存？除非靠情怀。

真搞不懂，这么多年过去了，为什么我们的政策还是那么简单粗暴：人多了，就限制流动门槛；车多了，就限制车牌；房子贵了，就限制买卖。解决思路仍旧是为上负责而不是对下负责。唉，只能寄希望于改革吧，供给侧的。

2016 年 3 月 31 日

猪在飞

最近约会请吃红烧肉的，绝对是真爱。

数据显示，3月23日全国生猪均价为19.22元/公斤，较一个月前上涨10%，较去年同期上涨超60%，已突破2011年6月的高点。

3月本来是猪肉消费的淡季，今年却迎来意外的行情。一些养殖场主称自己这两年运气好得似"挖到金条"：一边是猪价蹭蹭上涨，一边是作为猪饲料的玉米和豆粕在2015年持续下跌。从去年来看，仔猪价格、猪粮比价、养猪头均盈利均创出历史新高。今年势头有过之而无不及。据了解，全国仔猪价格目前已经打破2011年9月1日每公斤48.9元的历史最高点，均价涨至每公斤50元以上。

几乎每隔3～4年，猪价就有一轮"高低轮回"，出现所谓"猪周期"，此轮猪，又一次开始腾云驾雾，且猪肉持续涨价创出6年来的新高，猪在飞，意味着新一轮"猪周期"到来。

首先，如何认识猪周期？

"猪周期"是一种经济周期现象，其演变过程为：猪肉价格大涨—母猪存栏量大增—生猪供应量剧增—肉价下跌—养殖户大量淘汰母猪—生猪供应量减少—肉价再次上涨。一个完整的"猪周期",一般为 3 年左右,重复着"价高伤民,价贱伤农"的周期性变化,并通过价格传递给市场,进而引导市场自主调节,达到新的供需平衡点。

要想猪肉价格不再上涨,回到合理区间,其实也很简单。猪肉价格过高养殖有利可图,自然会重新吸引养殖户投入资源,购买母猪、仔猪,从而增加商品猪存栏量,提高市场供应量,进而逐步平抑价格,达到新的价格平衡点。而在这样的周期往复里,只要政府不要过度干预,不要盲目出台刺激政策,静待市场机制发挥自主调节作用,让猪生活在圈里,而不是人为制造政策干预的龙卷风让猪飞上天,即可顺利安度"猪周期"。

而从长期看,要恢复猪肉市场的动态均衡,需要改变猪肉供给的形态,使它的斜率变大至和需求曲线斜率一样,即生产更加稳定,供给更加无弹性。代表进步的规模化、专业化生产模式不能改变,同时要建立生猪期货远期商品交易机制、政府保证收购制度等措施,使生产者有稳定的预期。

其次,猪周期对 CPI 会有何影响?

对投资人来说,"猪周期"的影响也许不只是"猪价上涨"这么简单。"猪周期"对 CPI 影响很大,而 CPI 的走势则是决定货币政策走向的重要参考指标之一。据了解,猪肉是中国 CPI 商品篮子中的 262 个基本分类之一，其权重一般在3%左右。今年2月CPI涨幅攀升到2.3%，一个重要原因就是猪肉价格同比上涨了25.4%。根据测算数据，2015年猪肉在CPI中的权重约为2.9%，也就是说猪肉价格上涨1%将会带动CPI上涨0.029%左右。

但是2016年情况可能有所不同，猪肉价格对CPI的影响可能趋弱，因为它在CPI权重中有所调整。据推算，猪肉价格权重已从上一年的3%调低到了2.34%，这会降低CPI随猪价大幅涨跌的波幅。

与此同时，根据海关统计数据，我国总进口猪肉量较去年相比，增加了37%。一大波外国猪正陆续赶来。

猪在飞，会引发通胀吗？或许，通缩的压力可能会减轻。通胀周期，还没影儿呢。

2016年4月7日

"海淘"税拯救国货?

经济增长放缓、零售业"遇冷",去年我国进出口总额下降了7%,而跨境电子商务却逆市上涨,全年增速高达30%以上。

跨境电商飞速成长的背后有着政策红利的支持,享有比一般进口贸易优惠得多的税收政策。而行业的增长必然伴随监管的规范,于是4月8日,跨境电商税率调整突袭整个行业,红利瞬间被吃掉一大块。

4月8日之后,跨境电商零售进口商品将不再按邮递物品征收行邮税,而是按货物征收关税和进口环节增值税、消费税。

那么,海淘到底比之前贵了多少呢?对于跨境电商而言,货物都要交增值税,一般物品增值税税率为17%,按新政打七折就变成了11.9%。烟酒、化妆品、小轿车、高档手表等还要加征消费税。也就是说,在限额内的海外商品通常会上涨11.9%~50%,不过利好的是,一些洗护类产品税率下调。对于海外直邮而言,按照新的行邮税标准(基本都提高了)征收,税额不超过50元的话则免税。对于"人肉"而言,和以前一样,5000元内免税,但是海关抽查的概率将会大大增加。

这样看来，跨境电商彻底与免税告别，对于低价商品而言，以往的大规模保税区囤货，分小额包装快速发往国内的方式将不再有优势，天平向海外直邮倾斜。而一些价位偏高的化妆品等却因为税率折扣，通过跨境电商保税区发货比行邮税的税率要低，天平则会向跨境电商倾斜。

估计这些天国内的跨境电商都夜不能寐，天天计算成本变化了多少、该如何调整价格、如何调整进货渠道、如何在红海市场中做到提价而不丧失市场份额……而对于好多海外代购，海外直邮成本大多数都提升了，而"人肉"的话，也几乎躲不过海关的检查，日子更加不好过了。对于整个海淘行业，昔日的低门槛政策终结，将可能引发整个行业的重新"洗牌"，进入规范发展阶段。尤其是一些竞争力强的电商平台、支付平台、物流企业等在规模效应和物流优势的作用下，可以很快降低成本对冲税改的影响，重新划分国内如此庞大的海淘消费者市场，行业整合机会显现。

同时，新税收政策的出台，引导跨境电商企业与普通贸易企业合理竞争，在一定程度上维护了国内商品的竞争力。短期来看，海淘的交易增长将受到压制，国内消费品行业将迎来短暂的回暖期。

但是，"海淘"税真的能拯救国货么？随着消费水平的提升，质量成为人们越来越关注的重点。"海淘"有很大一部分原因是对国内产品的不信任。我们每天都生活在曝光衣食住行各行业各种质量安全问题的环境中，很多国货已经被打上了"假""毒""差"的标签，生活在侥幸中的我们只得把希望寄托在海淘上面。如果国货不能在短时间内进行品质升级、重建信誉，而相关职能部门又不能有效地净化市场环境，只寄希望于国家筑高进口壁垒和限制国内市场的开放度，与海淘商品相比，国货仍然不会具有竞争优势。

有分析显示，预计未来几年跨境电商占中国进出口贸易比例将会提高到 20%，成为我国外贸增长的新引擎。

很快，跨境电商适应了新政后仍会迎头赶上，到时候可能又将是国内消费行业的寒冬了。

2016 年 4 月 14 日

不忘初心　方得始终

上周公布的一季度经济数据整体来看波澜不惊,虽然 GDP 同比增速按照每次低 0.1 个百分点的节奏已经持续了三个季度并下滑至 6.7%,刷新 2009 年下半年以来的最低点,但符合绝大多数分析机构的预期,相信各位最近在报告中没少看到"正如我们所料"这样的字眼。

在经历了近两年经济增速缓慢下行之后,市场对于经济增速放缓的长期性和艰巨性已经有了较强的心理准备。而且在全球大周期向下的背景下,"中国经济长期向好的基本面没有改变",至少稳健略偏宽松的货币政策对实体经济的刺激作用依然有效,而且还有空间,这比起已经处于零利率附近的日本和欧元区好太多了。用李克强总理的话说,就是"今年中国经济开局良好,一些主要经济指标都好于预期,稳中向好因素增多"。在这种积极的信号下,摩根大通、瑞信、高盛、汇丰等国际金融机构纷纷上调对中国经济增速的预测。

一季度经济的稳中向好因素主要体现在内需方面。一是消费保持平稳增长。3 月份社会消费实际同比增长 10.5%,较 1~2 月企稳回升,其中汽车、装潢销量回升是主要驱动力。二是房地产和基建投资均大幅改善。房地产新开工面积和土地购置面积同比增速均快速回升，房企资金来源全面上升，同时，基建投资增速一季度大幅回升至19.2%。

在一季度国内经济需求端已现积极信号的背景下，短期经济企稳的概率是较高的，但中期经济是否已现"L"形或"U"形底部的拐点仍存在较大的不确定性。

后续经济走势的主要变数仍在投资：一是房地产投资回升的持续性存在疑问，近期部分城市实施的地产调控政策对楼市起到了降温效应，加之去年二季度之后地产销售基数回升明显，房地产销售增速可能在二季度逐渐回落，这将给房地产投资上行带来压力；二是一季度民间固定投资和全国固定资产投资增速出现大幅分化，这可能解释为部分基建投资回升所带来的挤出效应，这一跷跷板效应值得警惕。

其实写到这里，好像都与"不忘初心 方得始终"没多大关系，为了扣题，这里谈谈个人的一些看法。

21世纪头一个十年里，通过对一些指标的观测，我国全年经济变化趋势在春季几个月份即可确立，经济走势的规律性较强，但最近几年的经济走势却呈现波动收敛（弹性减小）且不确定性提升的特点。这既与宏观经济政策区间调控的思路有关，也体现出中国经济进入"新常态"的特点。因此，从这个角度来看，一季度经济数据无论是再创新低也好还是出现积极信号也好，都是我们在向全面建成小康社会的踏实迈进。

而且我们本轮改革的"初心"是提高 GDP 增长的质量,毕竟提质降速增效才是新常态中"新"的本质,所以只要沿着正确的方向前进,抵得住外部和内部的主要风险(这一点已经挺难的了),数量上在可控区间内多 0.1 个百分点或少 0.1 个百分点并不是多大点儿事。

今年北京的空气质量与前几年相比确实是在改善的,这就是进步,是吧?

2016 年 4 月 21 日

家庭医生

北京市西城区正在试点"契约式家庭医生"服务，确保 24 小时内预约对口三甲医院的专家号，3 天内安排就诊。听起来是个很不错的消息。

家庭医生，即私人医生，是对服务对象提供全面的、连续的、有效的、及时且个性化的医疗保健服务和照顾的新型医生。中央全面深化改革领导小组第二十三次会议指出，推进家庭医生签约服务，对促进医疗卫生工作重心下移、资源下沉，实现人人享有基本医疗卫生服务的目标具有积极意义。

其实家庭医生制度在国外已经发展得很成熟，是国际上通用的一种制度。老百姓看病首先去找家庭医生，通过其进行分诊和初步治疗。如果需要，由家庭医生安排病人住院或联系专科医生继续为病人服务。

然而在我国，由于基层卫生服务工作发展严重滞后，家庭医生服务的试点更是在近几年才开始广泛推行，因此出现了一些不尽如人意的地方。

首先，医疗服务人才缺口较大。当前我国全科医生数量相对不足，尚不能满足全面开展社区卫生服务的要求，进而也影响到家庭医生签约服务的发展。从目前我国全科医生培养标准来看，全科医生需要经过 5 年的专业理论学习以及 3 年的临床学习才能够取得全科医生执业资格。医生的培养周期长、数量有限，导致很多社区卫生服务站临时聘任大中型医院退休医生担任全科医生岗位，甚至有的社区卫生服务站没有具有相关资质的全科医生，其服务质量可想而知。

其次，居民对家庭医生的认知存在误区。限于我国医疗卫生事业的发展水平及医疗卫生资源的配置情况，我们当前开展的家庭医生式服务的主要内容是提供以免费公共卫生服务为主的健康管理服务，还不足以满足大多数居民的医疗需求。同时，家庭医生式服务作为一个新兴事物，社区群众对其服务模式、内容、流程等还不熟悉。

再次，资金融通以及支付支持不到位。当前大部分开展家庭医生式服务的社区卫生服务机构，经费来源主要是国家对公共卫生服务的财政支出，也有部分试点向签约居民收取少量服务费，但总体来说，这部分资金无法保证家庭医生签约服务的高质量完成。

此外，缺乏长效机制也是严重制约我国基层医疗健康服务发展的重要因素。在家庭医生式服务工作试点初期，社会各界对此比较关注，相关医疗卫生部门也高度重视，家庭医生签约服务的各项工作包括签约居民常规体检、健康档案建立、健康教育开展及家庭医生上门走访等工作进行得比较顺利，但是后期工作的跟进却动力不足，缺乏长效机制，导致家庭医生式服务流于形式，损害了签约居民的合法权益。

为此，今后需要在完善法规和配套措施、建立全科医生服务团队、提高居民签约量、建立新的支付与融资模式以及建立信息化健康档案平台等诸多方面建立健全家庭医生服务体系。

中国地域辽阔，各地区发展极不平衡。家庭医生以及基层医疗健康服务机构的作用也还远没有引起足够的重视。由于中国的家庭医生数量和人口数的比例严重失衡，要达到"人人享有家庭医生的服务"的目标，我们还有很长的路要走，但是我们仍然期待这一天可以早点儿到来。

2016 年 4 月 28 日

魏则西之死

这个"五一"节,一个名叫魏则西的年轻人的死亡,将百度再次推上舆论的风口浪尖。

百度一下,你就知道。百度的出现,曾让信息的搜索和收集变得无比方便。然而,随着信息量越来越大,每一个关键词都能触发成千上万条信息,能出现在首页的资讯无比"金贵",这种激烈的信息竞争催生了"竞价排名"的广告模式。搜索显示的前几条不再是应有的结果,甚而悄悄加上了"推广"的小标。

于是,因为听信了百度搜索中关于"滑膜肉瘤"的广告信息,魏则西在武警北京总队第二医院尝试了一种号称与美国斯坦福大学合作的肿瘤生物免疫疗法。在花费了20多万元医疗费后,才得知这个疗法在美国早已宣布无效被停止临床。这期间,肿瘤已经扩散至肺部,魏则西终告不治。在被欺骗的绝望中,魏则西用这段经历来回答了一个问题:你认为人性最大的"恶"是什么?

在这个过程中,莆田系是罪魁祸首,用无良挖掘深坑;武警二院这样出售科室的医院为其背书；百度收人钱财，装作只看到武警二院的招牌而制作了路标，指引全国各地的患者源源不断跳入陷阱；而监管部门，负责为"恶"保驾护航，事后帮其收拾烂摊子，让患者家属无处维权，让"恶"长期延续。

这个过程中，百度显得很委屈。武警二院的资质都查过没有问题，法律也认可"推广"并非广告，为什么矛头却偏偏最针对它？

第一，百度"竞价排名"导致莆田系民医常年占据搜索榜首。据称，99％以上的非三甲的军队医院和武警医院的妇科、男科、皮肤科、牙科、眼科、整形美容等科室都已经被莆田系医院承包了，里面的处方、药物全部是通过自己渠道获得的，有相当多药物没有国家药监局批文。而莆田系医院和百度从2003年百度刚推出竞价排名时就开始亲密合作了。所有你能想到的这些医院主治的病症词条都已经被莆田系医院购买了，几乎前两页都看不到自然排序的结果，全都是莆田系医院的推广链接。而这些词条，按照出价高低排序，前两位甚至要出价200元以上，也就是说，只要有人点一下，就要给百度付费200元。这么巨额的广告费，不狠宰患者怎么能挣回来？据称，2013年百度全年广告总量260亿元，莆田民营医院就花了120亿元。医疗健康在百度收入中的占比已经达到了35％。虽然医疗行业竞价排名让百度饱受诟病，但百度仍难割除。

第二，百度刚刚出现了出卖医药相关贴吧的事情，"血友病吧"的风波未平。医疗健康是性命攸关的大事，人们相信贴吧是命运共同体分享、交流的平台，是公益的、公允的，没想到却成了骗子横行的地狱，愤怒自然不言而喻。

第三，百度在信息查询方面处于垄断地位，人们期望它具有社会责任感、公信力，以为搜索出来的信息以相关度为唯一依据，没想到看到的是它想让我们看到的内容。越是贫苦、越是无知、越是急病乱投医的人们，越是容易上当受骗，这种不平等撕裂了互联网平等、可信的美丽面纱，加剧了不平等与绝望。

还有一个很滑稽的理由，之前百度的公关危机没有这次这么大，是因为它统治着整个中国互联网搜索引擎，悄然控制着舆论的走向，而这一次，风波是在腾讯微信的朋友圈中掀起的，百度无法控制……

2016年5月5日

伞和门

伞和门，这两样看似关系不大的事物，却出现在了同一个重要场合——国务院常务会议，涉及的对象也是同一个——固定资产投资中的民间投资。

5月4日，李克强总理主持召开国务院常务会议，决定对18个省（市、区）围绕国务院2014年出台的39项关于创新重点领域投融资机制鼓励社会投资的相关文件落实情况进行督查。会议上，李克强督促地方政府和中央部委对民间投资加大支持力度，并强调"我们不能做晴天送伞，雨天反而撤伞的事"，"进一步放宽准入，让民间资本投资'有门'"。

先说说伞吧，对于固定资产投资中的民间投资来说（以下简称民间投资，提醒一下，是固定资产投资中的），目前的确是阴雨连绵。一季度固定资产投资增长10.7%，比1~2月提高了0.5个百分点，也是2013年初固定资产投资增速连续35个月持续下滑以来的第2个月出现回升。但在总投资回升的情况下，民间投资增速却持续下滑，民间投资意愿低迷，程度令人担忧。自2007年以来，我国的民间投资增速一直显著高于全社会投资，这一趋势一直持续到2015年底，当时两者基本持平。然而2016年一季度，民间投资增速从2015年的10.1％持续下滑到5.7％，下滑幅度巨大。民间投资占总投资的60％以上，虽然政府主导的投资可在短期内发挥逆周期调节作用，但只有民间投资稳定才是投资企稳的最终决定因素。

下雨天确实需要伞，但老打着伞在雨中站着也不舒服，最好是有个屋子能避避雨，当然，这间屋子的门得能打得开。2005年以来，国务院出台了一系列鼓励民间投资的政策，许多一度不对民间资本开放的重要基础建设领域逐渐向民间资本打开了大门，允许民间资本投资如交通、能源、水利或者环保这样的城市基础设施工程。2014年，国务院印发《关于创新重点领域投融资机制鼓励社会投资的指导意见》，针对公共服务、资源环境、生态建设、基础设施等经济社会发展的重点领域，提出了进一步放开市场准入、创新投资运营机制、推进投资主体多元化、完善价格形成机制等方面的创新措施。不过，这些鼓励民间投资的政策在实施的过程中一直存在一些问题，相关的促进民间投资的政策还并未得到完全落实，民间资本在进入上存在一定困难和障碍，制约民间投资的"玻璃门"或"弹簧门"仍客观存在，如民间投资服务体系有待健全，对民营企业的融资缺乏足够支持以及政策多变等。这也是这轮督查所需要解决的问题。

其实，民间是不缺资本的，但投资渠道有限，加上缺乏引导，所以只好炒房、炒收藏、放高利贷等。即使门已经打开，对于多数人不熟悉的领域，既不了解盈利状况，也不清楚风险是否可控，云里雾里的哪敢轻易涉足？针对这种情况，政府完全可以拿出一部分钱来做种子基金，鼓励引导民间资本加入，政府只求本金安全而不求高回报，多承担部分风险，让利于民间资本，更好地引导民间资本。有伞护送、大门敞开、有人引路、美酒佳肴，这才够吸引人。

2016年5月12日

欢乐投资颂

热播剧《欢乐颂》（第一季）中有个傻白甜的盐城大姐，就像励志鸡汤说的那样：上帝关上一扇窗的时候，会打开一扇门，经历事业爱情双重打击后，邱莹莹进了咖啡馆，还在上司的上司支持下做起咖啡电商，从此一切开始变得顺风顺水。

一本杂志或小说、一部电影、一份甜点、一杯咖啡，成为不少文艺范、小资范人们的生活方式。随之衍生的是，"咖啡＋"的主题咖啡文化已融入了人们生活。

不知道从什么时候开始，葡萄酒已经占据了都市人的生活，作为《欢乐颂》观众，不懂点葡萄酒都不好意思追剧了！不信你看：奇点用唐培里侬收买富二代曲筱绡；曲连杰请樊胜美吃饭，点了一支1998年的木桐……

其实，这些看似偶然的戏剧化场景都存在深刻的社会背景。

作为一种消费升级形式，现在，越来越多的人喜爱喝咖啡、葡萄酒，无论是在家里还是在办公室，或是各种社交场合，喝咖啡、品葡萄酒已成为一种时尚消费、休闲消费，更是一种文化消费。

适应消费升级的投资浪潮也在为此推波助澜。前不久 IDG 资本在召开 LP 年会期间展示了它投资的获得 2016 德国红点产品设计大奖的城市智能折叠自行车，并邀请与会者参观、试骑。那些来自全球的资本大佬们，成群结队地骑着自行车冲进了熙熙攘攘的大街。要知道，在那些还没有久远到让人遗忘的日子里，自行车几乎是中国人不可或缺的再普通不过的交通工具。

现代社会更加开放与包容，人们普遍拥有了更大范围的自由与选择权，不再像以前一样或因外力强制或因自身无奈而一致。在消费量变的过程中，最终会实现消费的质变，这种质变就是消费升级。而在消费升级的过程中，健康化、品牌化和个性化应该说是最为显著的特点。

随着工业化、城镇化、信息化的持续推进，近年来我国消费需求正步入快速发展的新车道，对经济增长的贡献持续提高。2015 年，消费对经济增长的贡献率为 66.4%，分别比 2013 年、2014 年提高 18.2 个百分点和 14.8 个百分点，比 2001～2012 年平均贡献率高 16.0 个百分点，有力支撑了经济的中高速增长。特别是消费升级带动了新兴服务业的快速发展，进一步推动了产业结构调整。

在这种背景下，以电商和健康、休闲、文化消费为代表的新兴消费增长势头十分迅猛，以明显高于传统消费的增长速度继续领跑整体消费市场。

李克强总理指出："消费是最终需求。促进消费品工业升级，发挥消费对经济发展和产业转型的关键作用，是推进结构性改革尤其是供给侧结构性改革、扩大内需的重要举措。"他同时指出："围绕消费新需求，创新消费品等相关产业和服务业供给，能够丰富群众生活、释放内需潜力、弥补民生短板、推动工业升级和产品质量提升。"

中国经济的发展已经到了由量变到质变的新阶段，新的生活方式带来的消费升级将会衍生出无限可能性。

投资新兴消费，推动消费升级无疑成为一个欢乐投资。

《欢乐颂》中的女强人安迪是做并购投资的，编剧让她参与主导收购的是一个叫红星的企业，听着像二锅头，建议编剧，第二季一定让她收购 SGD Pharma，那也许是一件更欢乐的事儿。

2016 年 5 月 19 日

富人将老

人口结构是个厉害角色，对经济社会的影响可能出乎我们的想象。这期我们谈谈富人将老的问题，而穷人将老的问题比较沉重，我们下期再谈。

新中国成立后我国经历了3次大的婴儿潮。第一次是新中国刚成立时鼓励生育，当时人口基数小，因此对人口的影响并不是很大。第二次婴儿潮自1962年三年困难时期结束后开始，持续至1973年，是我国历史上出生人口最多、对后来经济影响最大的主力婴儿潮。这一时期，国民经济情况逐渐好转，补偿性生育来势汹汹，人口出生率平均达到33‰，十年全国共出生近2.6亿人，约占当前全国总人口数的20%。

这群人是改革开放和恢复高考时期的主力青壮年，很大一部分人拥有了知识、享受了改革开放的红利。快速的经济增长叠加计划经济向市场经济转轨带来的"空白"，使得这一代人在这一过程中逐步拿到了资本积累的"第一桶金"。之后，房改使其中的一部分人拥有房产，又在2000年迎来了由房地产高速增长推动的中国经济"黄金十年"，他们在改革开放初期积累的"原始资本"成为进入地产这一资本密集型行业的入场券，他们的居住与投资需求造就了十年地产盛宴，这十年地产盛宴同时也推动其中的一部分人资本与财富快速"高净值化"。而这些高净值人群，同时也是中国历史上人数最多的高净值人群，将在未来的5～10年逐渐变老。

第3次婴儿潮是第1次与第2次婴儿潮生育叠加产生的回声潮，而这一次婴儿潮却赶上了计划生育，也就是说，大量的高净值人群都是计划生育的第一代执行者，他们只有一个孩子。家庭结构的变化让他们家庭观念与其父辈有很大的不同，更加注重社会关系。"财富的积累＋独生子女照养困难＋社会关系与生活质量的需求"，共同构建起5～10年后他们巨大的高端养老需求。可以预见，5～10年后，中国的高端养老将迎来黄金时代。

资本的风总是最先刮起来。高端养老领域——房地产企业、养老产业资本、保险公司等纷纷开始布局。房地产企业多以传统思路开发养老地产，加入一些适老化设计，以老年细分市场为目标出售物业，整合医疗、服务等资源的能力有限。养老产业资本多为业内长期经营养老社区的机构，拥有丰富的经验和能力，同时拥有一定的医疗、餐饮等养老相关配套资源，不过目前已有的模式盈利周期较长，实际运营效果不尽如人意。保险公司在养老地产领域则不仅有先天的基因优势，还有后天的国家政策扶持，利用自身充裕的现金流投资长周期、低流动性的养老地产，还能将保险业务与高端养老结合起来，打造高端金融与养老的一条龙服务。目前各大保险公司都摩拳擦掌进入其中，初步的运营效果还不错。

从日本的经验来看，2000年后《介护保险法》的推行引发了日本商业机构养老的热潮，而最先受益的也是高端养老，连锁化、品牌化、精品化、定制化是世界上老龄化最严重的日本高端养老机构蹚出来的可行之道。中国资本如果想要投入高端养老行业，一定要整合高质量的医疗、护理、餐饮、老年娱乐等服务以及服务人员，提供专业化、高品质的服务。

2016年5月26日

健康财富

关于健康有个著名的比喻：人生的所有财富和名誉是无数个"0"，只有身体健康才是"1"，如果没有这个"1"，人生也只是一个"0"。

根据世界卫生组织公布的一项全球性调查，全世界符合真正健康标准的人仅占总人口的 5%，医院诊断患各种疾病的人占总人口的 20%，其余 75% 的人处于亚健康状态，人类的健康问题也是我们面临的一个重大挑战。

在我国，健康形势也在发生变化，高血糖、高血压、肿瘤等慢性非传染性疾病患病率迅速上升，正在取代传染性疾病成为导致死亡的主要原因。另外，我国现在精神疾病的总患病率达 15%，重症精神病患者 1600 万人，抑郁症患者 3000 多万人，17 岁以下的青少年有心理障碍的达 3000 万～4000 万人，阿尔茨海默病患者 600 万人……

哈佛大学研究表明：80% 的疾病（特别是心脏病和糖尿病）、70% 的中风和 50% 的癌症都可以通过积极的健康管理与服务帮助人们树立正确的健康观念和培养良好的生活习惯而避免。随着经济的持续发展和收入水平的不断提高，以及人们健康意识的提升，现代人对生活质量的要求也越来越高，广大群众在健康方面的需求迎来了前所未有的爆发式增长。

健康产业是一种有巨大市场潜力的新兴复合产业。涉及医药产品、保健用品、营养食品、医疗器械、保健器具、休闲健身、健康管理、健康咨询等多个与人类健康紧密相关的生产和服务领域。

我国健康产业由六大基本产业群体构成：第一，以医疗服务，药品、器械以及其他耗材产销、应用为主体的医疗产业。第二，以健康理疗、康复调理为主体的非（跨）医疗产业。第三，以保健食品、功能性饮品、健康用品产销为主体的传统保健品产业。第四，以个性化健康检测评估、咨询顾问、体育休闲、中介服务、保障促进和养生文化机构等为主体的健康管理产业。第五，以消杀产品、环保防疫、健康家居、有机农业为主体的新型健康产业。第六，以医药健康产品终端化为核心驱动而崛起的，以中转流通、专业物流配送为主体的新型健康产业。

我国有着世界上最大的健康需求，如果仅以目前美国健康产品人均消费水平推算，我国至少有 17.4 万亿元的增长空间。另据相关统计资料，目前我国共有药品生产企业 6000 多家，每年 1500 多亿元的消费市场；保健品生产企业 3000 多家，每年超过 500 亿元的消费市场。目前中国健康产品年销售额近 600 亿元，未来 10 年，该消费额将在目前的基础上以几何级增长，形成一个拥有兆亿元价值的市场。发展健康产业对我国经济和产业的发展、消费市场的增长、劳动力的就业，都具有巨大的推动作用。

美国著名经济学家保罗·皮尔泽在《财富第五波》中将健康产业称为继 IT 产业之后的全球"财富第五波"。马云预言：下一个能超过我的人，一定出现在健康产业里。

就产业而言，健康财富的价值或许可以用货币衡量，但并不是健康的全部。健康的一切可以有多种解释，苏格拉底说过一句话：没有健康的身体就没有健康的思想。苏格拉底没有看见今天的我们，那个时代的健康或许仅仅是强健的体魄，但今天的我们知道：健康，绝非仅指健硕的体格，还要有一颗健康的心。这才是构成健康财富的完整的"1"。

2016 年 6 月 2 日

英国脱欧：自由和财富的纠结

6月里值得期待的事儿，如果说儿童节和端午节都已经过去，那么接下来的就属英国脱欧公投了。当年英国首相卡梅伦为了在大选中获胜，承诺要在2017年底前进行全民公投来决定英国是否继续留在欧盟，这对向来有着"光荣独立"和"向往自由"情结的英国民众产生了极大的吸引力，之后卡梅伦所在的保守党支持率明显上升，最终赢得大选。出来混，迟早要还的，虽然卡梅伦有一万个不情愿，但2016年6月23日要进行的针对英国的欧盟成员资格的全民公投已是板上钉钉。

天下大势，分久必合，合久必分，何况欧洲一体化的过程本身就分分合合，加上英国与欧洲大陆各国之间的地理位置、文化等方面都存在差异，英国即使成了欧盟成员国，却未加入欧元区，也不是申根协定缔约国。当然，这次英国脱欧也有特定的背景和原因。

首先是经济的不同步。如果说21世纪前十年，英国更多地受益于欧盟的整合及复兴，那么欧债危机过后，英国则是更多地担忧欧盟对自己的拖累了。目前虽然英国和欧盟的经济都在放缓，但是整体来看英国的经济基本面要优于欧盟。不但如此，货币政策也南辕北辙，与欧洲央行实施超级量化宽松不同，英国已经进入了加息周期。

其次是对欧盟移民政策的不满。英国民众担心欧盟内部的人员自由流动，导致前往英国就业的移民数量增加，对英国的社会福利体系和就业市场造成冲击。

再次是英国独立党的推动。在经济低迷的背景下，民众的生活水平下降，对政府的抱怨增加，对传统政党不满，极端主义政党崛起，英国独立党就属于这一类。主张英国退出欧盟的独立党成立于 1993 年，在欧债危机时首次获得欧洲议会席位，并于 2014 年 5 月成为欧洲议会中英国的第一大党。

最近一段时间，英国民调显示"留欧派"和"脱欧派"比率胶着，且"脱欧派"有壮大的趋势，黑天鹅似乎有要被"洗白白"的迹象。之所以纠结"留"和"脱"的问题，肯定存在利益的权衡。英国获利于与欧盟各国的贸易通商，但是又饱受欧盟各种政策框架的束缚，近年来又遭受经济拖累和移民等问题困扰，纠结啊。

这种纠结的状态可急坏了当初做出承诺的卡梅伦，又是"威胁"又是提条件的。不过他的心情也可以理解，整体来看，英国脱欧的影响负面，经济代价高昂，投资和需求削弱、贸易受损、信贷和汇率风险上升，仅仅是当前脱欧的不确定性，就已经在一定程度上拖累了英国经济。

英国脱欧也提升了全球风险溢价，英镑和欧元汇率面临走低，美元指数大概率高位震荡，避险资产价格上升，资金会短暂流向瑞士、日本和美国避险，又造成其汇率的走高。除此之外，英国脱欧公投也引发了欧盟解体的担忧，对欧盟经济存在负面影响，欧元也会相应下跌，欧央行可能会被迫加大已经接近极限的宽松力度。

至于最后结果如何，离 6 月 23 日还有一周时间，我们买好瓜，等着看吧。

2016 年 6 月 16 日

穷人难养老

上一次小高跟大家谈了富人养老的问题，总结起来其实就是一句话，一大波有健康、有活力、有知识、有经济能力的老人即将来袭，快点准备好高端养老伺候着，谁能抓住这群人的物质与精神需求，谁就能在这个朝阳的银发产业中占得先机。

按照约定，这期我们来谈谈不那么令人高兴的穷人养老问题，确切地说，是穷人当中的农村老人的养老问题。

我们先来看一组数据，2015年我国首次统一提高全国城乡居民养老保险基础养老金最低标准，而且一口气增加了27.3%！听起来多么振奋，可实际是，全国的基础养老金最低标准从原来的55元，增加到了70元。对于农村老人而言，个人缴费储蓄的部分很少，有很多农村老人之前没有参保意识，还有很多农村老人在当农民工期间四处奔波、断保退保大有人在；政府补贴的部分就更少了，而且越是贫穷的地方越没有钱来补贴给农村老人。于是，很多农村老人就是靠这每月70元来维持生活。

70元，可能只是城市人的一顿饭钱，显然无法覆盖农村老人每月的生活开支。农村老年人生活来源目前大多来自家庭其他成员供养以及自身的劳动收入。我们先来看家庭养老，这是长期以来我国农村养老的基本模式。"养儿防老"，然而，生育率下降减少了家庭对养老的支持来源，尤其是独生子女的父母养老异常困难。传统观念弱化以及家庭责任转移令农村老人生活压力增加，农民工外出打工，转由留守老人负担家庭责任，特别是在照料孙辈上投入大量精力，这令农村老人生活负担加重。而且，一些青年夫妇较重视子女的教育和成长问题，有限的时间、精力和财力都向子女倾斜，产生了"重幼轻老"现象，农村老人得到的财力支持日益下降。

不得已，大量农村老人还得依靠自身劳动收入来养老。《2014中国农村养老现状国情报告》显示，54.6%的农村老人还在从事职业性劳动。目前我国真实的状况，就是60岁左右的老人仍然是农村生产活动的主要劳动力。这一代老年人经历过三年困难时期、挨过饿，也经历过家庭联产承包责任制，感受过粮食的富足，他们文化水平低，一辈子在自己的一亩三分地上劳作，靠手中的锄头吃饭，土地是他们最大的依赖。很多老人，只要还能下地，都仍在做着沉重的农活。尤其是一些农村高龄空巢老人或鳏寡孤独老人，受子女外出务工、家庭拮据等影响，高龄务农，"老无所养"问题突出。而且，更可悲的是，农村老人一大把年纪"老而自养"换来的收入往往仅能维持生活，简单的看病、吃药还能勉强，但一旦碰到大病、重病，基本上都无钱医治。听说过无数这样的例子，患病老人害怕拖累子女悄然自杀、患病老人子女无力承担医药费而选择放弃治疗等。"扛"，是中国农村老人面对疾病的最大"法宝"，而若他们患上重病，基本就是宣告生命终结。

　　面朝黄土背朝天，曾经并正在养活13亿人口泱泱大国的中国农村老人却落得"自生自灭"的下场，不得不令人唏嘘。2013年，我国农村老龄人口1.05亿，2015年我国财政支出17.6万亿元，即使给每个农村老人发放500元基础养老金，也仅有500亿元，占财政支出的比重也不足3%。除了把养老的责任推向社会，国家的转移支付如果能再向农村老年人口倾斜一些，社会的不平等也许就能大为好转。

2016年6月23日

极致的垂直

2016年伊始,互联网行业便上演了一场垂直细分领域的大戏。黑车白帐,逐水草而居。有用户需求的地方,自然就有互联网产品的跟进。移动互联网发展重在快,一年是一个分水岭。第一年要冲上门槛,第二年要产品迭代、快速留住用户,同时获得融资进行扩张和竞争——就是如此残酷而充满魅力。从 ASK.com 到 aibang.com 再到上海火得不得了的 dianping.com,垂直细分领域不约而同地开始进行精准化信息的二次开发。"互联网+"在经历了初始生长后,正在呈现垂直极致化的趋势。

所谓的垂直,就是把需求划分开,能分多细就分多细:衣食住行、吃喝拉撒。

一般来讲,消费者之所以能完成购买,一定是存在一个精准合理的数据库检索与操作平台,让消费者能够直接、便捷地达到目的。

比如在去哪儿上通过 qunar.com 买过机票,一开始以为是卖机票的,退票的时候才知道它是一个搜索引擎,后来了解才知道这个旅游行业的大佬是如何霸道,把携程、艺龙给逼到了死角。

再比如在七天上订酒店，可以跟携程的客户经理说，我不用你们中介，我用终端，携程也没办法。

今天中国已成为全球最大的智能手机市场，随着智能手机的普及，移动互联应用逐渐改变人们生活的方方面面。这就是垂直领域的机会。

几年下来，第一波移动互联网浪潮已基本结束。移动互联网第一阶段，更多是普及了大众如何使用智能手机，随着移动应用对人们生活的改变，与人们生活息息相关的切实需求，将真正成为移动应用的核心，也许这些应用都不会特别大的量级，也未必会成为 VC 青睐的对象，但它们可以实实在在解决用户生活中的痛点，赚到真金白银，成为小而美的公司，成为在这一领域行业巨头并购的对象。

第一类应该与媒体营销相关。很多 4A 和品牌主都在找寻移动投放方向，同时找寻优质的应用媒体，这里所讲的不是广告联盟的广告条，而更像一个 campaign，利用手机的特性（比如定位服务）来相互结合，这种方式特别适合社区型应用。

第二类自然与 O2O 相关。昨天火了吃饭 APP，今天火了打车 APP。O2O 不仅仅是大众点评、微信、打车，其实生活中有大量的需求存在，比如家政服务、医疗健康等，今天能看到的仅仅是冰山一角，真正的需求就在身边，谁能解决一个生活的痛点，谁就能找到好生意的大门。

移动互联网第二波浪潮是极致垂直的机会，看谁更敏锐，看谁能做得更好。一个 APP 要有真实的用户需求，才有存在的价值，而对于创业者、投资者而言，那些改变世界的言论价值其实没那么大，还是踏踏实实地满足我们身边的切实需求更重要。能够让某个生活需求被满足的效率提高10%，才有可能开始改变生活。

根据软银中国分析测算，在众多的垂直领域中，我国五类大市场存在巨大潜力：金融、房地产、汽车、旅游和教育。这五个领域的市场容量分别是金融10万亿元、房地产10万亿元、汽车3万亿元、旅游3万亿元、教育1万亿元。而移动医疗健康垂直领域也将出现以数万亿元计的市场规模。

每一个刚需做到极致，都有极大的市场机会。精准击中用户痛点，让供给成为用户刚需，这便是垂直到极致的发展方向。方向对了，不怕路远。但别忘了还有句话：大树底下，寸草不生。

2016年6月30日

压力"三"大

转眼间 2016 年已经过去了一半,绩效完成得怎么样啦?对象找了没?房买了吗?……啧啧,压力山大吧。

不过还好,2016 年还剩一半呢,后面加把劲。下半年经济压力也大,年初政府定的经济目标为 6.5%～7%,中国人讲究中庸之道,一般喜欢折个中,估计会到 6.7% 吧。不过这回我们不讨论具体数字,而是来看看压力。压力"三"大,民间投资、房地产、产能过剩。并不是说别的问题压力就不大,而是在笔者看来,这三个大得有点儿明显。

民间投资。民间投资增速从 2015 年的 10% 以上一路下滑至今年 5 月的 0.9%,占总投资的份额也不断下降。民间投资的疲软走势引发了市场的疑虑:现行的政策是否更多地将资源偏向于国企,而民企的各种成本仍然偏高?政策信号的不连贯是否抑制了民间投资?其实民间是不缺资本的,但投资渠道有限,加上缺乏引导,所以只好炒房、炒收藏、放高利贷等。

房地产。今年年初以来,房地产无论是从交易量还是交易价格来看，都出现了非常猛烈的上涨。如果说一线城市上涨还能找到些明确的理由，那么二三线也跟着涨是要闹哪样？最近倒是看了一项研究，说如果地方政府主要领导因为反腐下马，那么该地方就会在市场上系统性减少土地供应，房地产商会压低新房开工，短期使存货加速去化，并通过销售的量价齐升表现出来，长期则加速了房地产市场的正常化过程。原来房地产行业的转型升级也要靠反腐啊！反腐的功能真是强大。不过房地产库存单靠反腐去化还差得远，新开工还是有比较大的压力。

产能过剩。我国产能过剩问题相对主要分布在重化工产业链的中上游，一般来说，在经济景气下降和盈利恶化的情况下，民营企业可以快速关闭产能，但国有企业就相对比较困难。去年11月起，中央开始主导在相关领域去产能，对工业品和商品价格造成了冲击。到了今年3月，政府的一系列刺激计划又带动了市场的乐观预期，引发了存货调整并导致了二季度工业品价格的反弹。当然，也顺带刺激了房地产市场。下半年类似的刺激计划出台的可能性较小，需求会再次出现明显的下降，对工业品价格形成刺激，而且可能会持续较长时间。不过为了去产能也没办法，只能"熬"了。

这三个问题看似独立，其实都是有关联的。

首先房地产挤压实体经济，经济内生动力不足，制造业PMI继续走低，而新开工的回落导致投资下滑，经济承压；其次，房地产和基建挤压实体经济，去产能主要针对中小企业，而且刺激工业品价格，正所谓稳增长"没你事"，去产能却要"盯着你搞"，所以尽管李克强总理督查民间投资政策落实情况，但民间资本仍不愿进实体经济领域；再次，要提升民企投资的信心，肯定得把盈利搞上去，这就意味着行业产能不能过剩，产品价格不能过低，所以还是有待于去产能的切实解决，在那之前，还是"熬"着吧。

这三大压力都是大问题，要想在这细长版面讨论清楚有点难度，权当抛砖引玉，给各位对下半年经济的判断提供点儿线索。

2016 年 7 月 7 日

地产融资百科全书

如果你是一家民营地产商，开发模式的成败不确定，未来收益不确定，资金需求惊人，但抵押物缺乏，负债率过高，短期偿债压力大，而银行贷款困难重重。此时，你该怎么融资呢？

华夏幸福做到了。根据统计显示，从 2012～2016 年 4 月，不依靠银行贷款，华夏幸福一共从外部融得资金 2974 亿元，涉及融资方式多达 20 种，堪称"地产开发商花式融资百科全书"。

No.1：住宅销售回款。这毋庸置疑是地产商活下去的根本。

No.2、No.3：信托借款与特殊信托计划。信托是华夏幸福融资的主要方式，规模远高于银行贷款。尽管信托融资是所有融资形式中成本最高的，但由于门槛低、数额大，信托是很多地产开发商倚赖的融资方式。好在依靠下面的这些融资方式，华夏幸福信托融资的比例逐年降低。

No.4：公司债。从去年开始，利率下行带动融资成本降低，大量房地产企业选择发行公司债，华夏幸福也在其中。公司债的发行将其平均融资成本从之前的 9.64% 拉低到 7.92%。

No.5、No.6：夹层融资、夹层式资管计划。这是华夏幸福与多家信托公司或资产管理公司合作采用的方法，具体而言，就是由信托等募资，投入华夏幸福旗下公司，成为股东。表面看起来是股权转让，但实际约定未来回购，并以差价作为利息或按期支付约定的利息，相当于明股暗债，谓之"夹层"。而且如果信托等公司投资后成为大股东，华夏幸福作为小股东其子公司财务不再并表，子公司负债就成了表外负债，将优化资产负债表。

No.7：售后回租式融资租赁。将不产生现金流的实物资产，如地下管线这种基础设施，以售后回租的方式向租赁公司融资，一下子解决了短期现金流的问题。

No.8：债务重组，其实就是债务延长或找到下家。

No.9～No.12：债权转让、应收账款收益权转让、股权收益权和特定收益权转让，都是预期收益权的转让或抵押借款。值得一提的是债权转让中有个小技巧，即原债权债务人都是华夏幸福旗下公司，将债权转让给第三方后，债权人得到现金，债务人相当于又延长了还债期限，华夏幸福简直不能赚得更多。

No.13：资产证券化，将其物业费债券及其他权利证券化，在上交所上市。

No.14～No.16：战略引资、关联方借款、定向增发，没有什么特殊的，就不赘述了。

No.17～No.19：委托贷款、银团贷款和银行承兑。

No.20：短期融资券，通过这种在银行间债券市场发行的一年期限内还本付息的债券，来解决临时性、短期资金需求。

从以上20项可以看出，这家民企为了融资可谓绞尽脑汁、殚精竭虑。其中，公司债成本低、规模大，是最划算的融资方式，但对公司信用要求高、周期长，还会直接提高负债比例，不一定是最合适的融资方式。夹层融资"明股暗债"是将债务表外化的好方式。而最创新的莫过于华夏幸福"让我想想还有什么资产可变现"的态度，最好的收益权先证券化上市，其他收益权抵押出去或者转让出去，没有收益的固定资产，恩，没关系，"变废为宝"，卖出去再租回来……看来，困境对创新是极大的激励。

地产花式融资20式，你都学会了么？

2016年7月14日

体育的魅力与价值

刚刚送走昼夜颠倒的法国欧洲杯,又要迎来颠倒昼夜的里约奥运会。

尽管性别不同、年龄不同、职业不同、经历不同、兴趣不同、观点不同,甚至政见不同,但人们在对待本地、本国运动队和运动员的态度上却可以取得惊人的一致。人们会在一次次或胜利或失败的精彩竞技表演中得到极大的满足。

体育代表着一种理想化的奋斗模式。在同一个目标面前,每一个人都有着同等的机会和竞争的权力。要想达到目标,你首先要有真正的实力,而实力从何而来呢?它来自不断的努力与修炼。但是,当你有了实力之后,你不一定就能够达成所愿,你面对的是一次充满挑战与不可预知的比赛,你还必须学会自信乐观,永不放弃;学会如何将自己发挥到最好,如何调整好心态,如何打败对手。你应该全力以赴,不留遗憾,如果胜利,你就是王者,而倘若失败,你也不用因此消沉气馁。因为体育的精髓不是赢得一场比赛,而是赢得一种尊严。你在奋斗中展现了自己,同时又享受到运动和竞争的乐趣,你已经收获了这场比赛,甚至这项运动的美妙果实。

从这一点出发，体育就不仅仅是一种活动了，把这种奋斗的方式和意义推而广之，它将可以指导我们面对任何一种竞争与挑战。只有付出辛勤的汗水才能具备充分的实力，在实力之外还应该有良好的素质和品格，这样才能在竞争中胜人一筹。在目标面前我们应该竭尽全力，而面对结果，我们更需要的是顺其自然。

体育，它使我们在运动、拼搏的过程中领悟到关于生活和自身的许多道理。因此体育不仅与力量，甚至更多与灵性有着深刻的联系。

同样，作为一个产业，体育产业也带给我们巨大的财富机遇。

广义的体育产业指与体育运动相关的一切生产经营活动，包括体育物质产品和体育服务产品的生产、经营两大部分。狭义的体育产业是指体育服务业或者是体育事业中既可以进入市场，又可以盈利的部分。

截至 2015 年底，我国体育产业增加值超过 4000 亿元人民币，占国内生产总值的比重超过 0.7%，从业人员超过 400 万人，体育产业成为国民经济的重要增长点之一。然而对比体育产业最发达的国家（体育产业增加值占 GDP 的 1%～3%）我们还有很大差距。总体上看，目前我国体育产业发展水平还不高，结构不尽合理；市场主体活力和创造力不强，产品有效供给不足，体育产业距离成为国民经济转型升级的重要力量还有明显差距。

差距就是潜力，按照国际通行的研究标准，当人均 GDP 达到 5000

美元的时候，体育产业的发展会呈现一个"井喷式"的发展态势，而中国目前人均 GDP 已经达到了 8000 美元，我国的体育产业正处于高速发展时期。按照《体育产业发展"十三五"规划》要求，我国体育产业总规模要超过 3 万亿元，从业人员超过 600 万人。体育产业增加值在国内生产总值中的比重达 1.0%。

体育的魅力无边。"只有运动才能敲开永生的大门"，这是泰戈尔说过的一句名言。体育是金色的，耀眼的不仅仅有金牌，还有一座远未被充分开掘的体育产业的金矿。

现在想知道的是，究竟是谁收购了 AC 米兰？

2016 年 7 月 21 日

特朗普来袭

7月19日,美国土豪特朗普(Donald Trump)在共和党全国代表大会上正式获得该党总统候选人提名。这位行事张扬、口无遮拦的老兄自从去年6月参选以来就以"黑马"的态势突出重围,说不定以后就变成"黑天鹅",带领美国这艘大船驶入一片未知的海域。笔者对这位土豪印象最深的就是他那不羁的发型和真人秀"学徒"中的经典台词——"you're fired"。西方的政治与娱乐,果然只有一步之遥。

特朗普民意支持率的不断走高,折射出美国民族主义(表现为孤立主义和贸易保护主义)和民粹主义情绪的上升。这位一言不合就炫富的候选人,参选之后就表现出明显的贸易保护主义倾向,提出在美国和墨西哥边境"修长城",采取"穆斯林禁令"等,赢得了民粹主义者的强烈支持。

美国两党执政理念的差异使得"驴象之争"向来跟肥皂剧一样。民主党强调国家对市场的调节,主张扩大政府的权力,实行社会福利政策;在国际政策上,强调开放国际市场,支持全球性的自由贸易和国际分工，偏向自由主义。共和党反对极权和专制，捍卫个人自由；反对国家干预私营企业，维护自由市场经济制度；维护西方世界传统的道德、宗教和价值观念，偏向保守主义。

对于美国大选带来的风险，从广义上说，一方面如果企业、消费者及金融市场确信大选将带来政策向其不利的方向调整，那么将下调经济前景预期；另一方面，若市场对于最终结果完全没有把握，不确定性将会导致支出、雇佣和投资收缩。由于川普不按常理出牌以及最近国际市场上黑天鹅事件频发，这届美国总统大选的不确定性比以往更大。

不过，不管是民主党还是共和党上台，亚太战略的重要性都不会改变，经贸政策、安全战略以及人民币汇率问题已经成为辩论的常见主题。美国亚太战略的核心在于遏制中国的崛起。对于中美关系，可以概括为合作竞争，两国在经贸、投资、金融等领域的相互依存度不断增强。然而，随着中国综合实力的相对增长，双方在东亚地区的主导权竞争越发激烈，美国亚太再平衡战略更加强化了这一风险。美国的亚太再平衡战略一是冲击东亚及东南亚现有的经贸关系，使该区域经济一体化进程受到阻碍，二是使中国与周边国家的领土争端存在升级的风险。美国推出亚太再平衡战略后，东海与南海问题屡次出现激化，包括中国与日本的钓鱼岛问题争端升级，以及美国在南海的一系列军事安排使得中国与东南亚相关国家冲突不断。

从两位主要候选人（特朗普和希拉里）近期的主要言论来看，如果希拉里当选，比较大概率会延续奥巴马的外交政策，而且美国亚太再平衡战略本来就是希拉里的标志性外交政策。而特朗普在竞选时曾提出"美国国内优先"（America First）的口号，其外交政策偏向于向内收缩，主张美国从全球收缩军事影响力，撤回驻扎在日韩的美军，将涉外组织的财力优先用于国内社会福利上。所以如果特朗普上台，倒是会缓解中美关系中的对抗成分，不过他提出的"中国策"——对中国商品征收高关税，将中国列为"操纵货币国家"，貌似也不怎么友好。

我们对于美国大选，就像外交部华春莹答记者问时说的那样，"饶有兴趣地关注着"，因为不管结果如何，我们都已经做好应对的准备。到时候就吃瓜，哦不，11月已经没有瓜了，吃面喝汤涮羊肉围观吧。

2016 年 7 月 28 日

监管盯上了大资管

近两年来，资管行业发生了较大变化，金融混业趋势下，资金通道丛生，边界模糊，而监管层去影子银行、去通道、加强表外监管，是越发明确的发展共识。这不，上周银监会发布了《商业银行理财业务监督管理办法(征求意见稿)》，号称史上最严的"理财新规"。该规定对银行理财的性质、资质、投资范围等做了新的规定，重树了资管行业格局。大资管行业，有人哭，有人笑。

泛资管时代，各类机构群雄崛起，这一次，理财新规首次将银行理财业务明确界定为"资产管理服务"，而不再是以往的"专业化服务"。同时，在表述上没有像以往一样是"委托代理关系"，而是"实质性的信托关系"。如果将来进一步明确了银行理财的法律主体地位这一根本性问题，银行理财就无须再借用外部资管通道，发展更为有利。

理财新规首次对商业银行进行分类管理。按照商业银行资本净额来划分基础类和综合类银行，若资本净额低于 50 亿元，就被划分至基础类银行，其理财业务不得投资权益市场及非标产品。目前公开财务数据显示，60家城商行中有7家、32家农商行中有16家资本净额不足50亿元。从理财产品募集资金来看，国有商业银行和股份制商业银行加上大部分城商行和部分农商行，有超过95％的理财资金被划分到综合类银行理财中，仅有不到5％的理财资金不得投资于权益市场及非标产品，因此对非标及股票市场资金面影响不大。

不过，即使是综合类银行理财，非标及股票市场投资也受到了一定的约束。对于私人银行客户、高资产净值客户和机构客户，理财产品不受约束，投资范围更宽。而对于一般个人用户，商业银行理财产品不得直接或间接投资于除货币市场基金和债券型基金之外的证券投资基金，不得直接或间接投资于境内上市公司公开或非公开发行或交易的股票及其受（收）益权。这一点可能会对股市资金面造成利空，这不，当天股市采取了"不管有事没事先倒下再说"策略，应声下落了。

这次理财新规里还破天荒出现了明令禁止：商业银行不得发行分级理财产品。这可能有几点原因，一是为了对投资者更公平，堵上可能存在利益输送的灰色空间，二是分级产品属于一种场外杠杆，禁令相当于金融市场的"去杠杆"。

另外，虽然不能买自己的理财，但可以相互销售、相互投资彼此的理财产品，虽然影响不大，但也是弱化通道的一步。而且，非标投资不得对接资管计划，只能对接信托。为什么？可能因为信托归银监会管理，其他的归证监会管理……券商资管、基金子公司、期货公司资管都哭了，信托笑了，通道费又能再升点了。

  银行理财从早期债券投资起家，经历了非标准债券纳入理财资金和投资范围后的加速崛起，监管机构叫停后，如同中世纪欧洲大财主的家族财产传承找到了信托计划这一利器规避了遗产税一样，银信合作绕开监管实现了理财资金各领域投资，之后银监会继续收紧银信合作，危机之中证监会突然打开券商资管、基金子公司、期货公司的资管通道让银监会的限制毫无作用，于是银监会又开始规定非标资产的总量上限，现在又提出了诸多限制也明晰了身份地位。银监会与银行理财间的猫和老鼠游戏，规范了市场，更是金融创新的最佳动力。

2016 年 8 月 4 日

里约，奥运

里约奥运会的主火"球"在忧虑与期待的桑巴舞鼓点中由一位奥运铜牌获得者点燃。

2009年，里约热内卢赢得2016年夏季奥运会主办权后，巴西政府迅速规划并推动实施了一系列与奥运相关的建设项目，希望向世人展现巴西取得的辉煌成就。然而当奥运会举办时，巴西向世人彰显的并不是预想中最好的一面。如果举行一场"哪个奥运会主办城市受到最多批评"的竞赛，那么巴西里约热内卢恐怕想不躺枪都难。

有媒体分析报道称，国际奥委会和奥运代表团在巴西遇到的挑战之一，应该是安顿初期的问题或是工程收尾不到位。比较严重的问题在于瓜纳巴拉湾——举办奥运会帆船项目比赛地的污水污染。里约热内卢在2009年申办奥运会时承诺，将在奥运会召开前，将排入瓜纳巴拉湾的污水的收集处理率从20%提高至80%。但是独立调查结果表明，瓜纳巴拉湾的毒性仍然太高，无法用于举办比赛。而且尽职调查发现，净化瓜纳巴拉湾的承诺几乎是不可能兑现的。里约热内卢大都市区1200万居民逾一半人产生的污水，都排入瓜纳巴拉湾。那里的许多街区是由毒贩们控制的棚户区或贫民区，安装污水处理基础设施是一项艰巨的任务。除此之外，寨卡病毒的肆虐、媒体曝出的社会治安乱象都让人多少有些错愕。有网友戏称原本的里约奥运之旅活生生变成唐僧师徒的西天取经。

奥运会是集中展示一国政治、经济、文化等多方面实力的舞台，像巴西这样在国内形势一片迷茫甚至混乱的时候举办奥运会，并非没有先例，墨西哥和韩国都有过这样的辛酸史。与申办时的宏伟蓝图比，现实倒像是在验证那条古老格言：如果一件事好得不像是真的，那么它就很可能不是真的。

现代奥林匹克运动会是近现代社会文明发展的产物，也是近现代体育思想形成后在世界各地广泛传播的必然结果。现代奥运会受到古代奥运会的深刻影响，但它已不是祭神的竞技，而是进行真正的国际性的体育竞赛、经济展示和文化传播。奥运会是全球最具影响力和参与最广泛的体育盛会，是展示一国经济水平、人文发展的极佳平台，并会影响举办国未来的发展。因此各国对奥运会举办权的竞争十分激烈，而一旦取得举办权，则会充分利用该契机——一方面利用奥运会的大舞台，向世界展示自己在经济、文化、科技、社会等方面取得的成就，另一方面则利用举办奥运会带来的强大需求，努力拉动本地区、本国经济的增长，推动其经济跃上新的发展水平。然而，奥运会不是万能药，仅仅通过举办奥运会不可能解决所有希望解决的问题。

不过对于里约奥运也没有必要过于悲观，虽然存在和发生了这样或那样的问题，至少开幕式的表现还是令人难忘的。好的开头就是成功一半。同时我们不要忘记，2014年，巴西在同样困难的背景下成功地举办了世界杯。

"更快更高更强"，奥运的目的不止于竞技，而是对参与、进步的渴望。在奥运会上，运动员与所有奥运会的参与者们创造了许多奇迹，在竞争残酷的奥运赛场之外，留给人们更多故事与回忆。奥运会更大的历史价值将是推动交流、播撒理解和尊重。巴西有句谚语说，任何事物的尽头都是美好的，如果不那么美好，那就是尚未到尽头。从这个意义上讲，对里约奥运，我们仍然充满期待和祝福。

2016年8月11日

中国式流动性陷阱

对于当前每个季度 GDP 增速变化不超过 0.1 个百分点的中国经济来说，每个月的经济数据似乎很难让人们提起兴趣。在今年年初经济出现企稳迹象之后，市场关心的重点无非是经济的底部到底是啥形状以及会在底部趴多久之类。但 7 月经济数据的出炉相信会在一定程度上改变人们的看法。

简单地讲，7 月中国经济开始再度下行了。尽管从工业生产端来看，经济的下行幅度并不太明显，7 月工业增加值同比增速 6.0%，仅较 6 月回落 0.2 个百分点，但需求端的变化可谓相当剧烈。7 月单月固定资产投资增速仅为 3.9%，较上月大幅回落 3.4 个百分点，其中基建投资大幅回落是主要拖累因素，制造业和房地产投资均小幅波动。7 月社会品销售总额同比增长 10.2%，较 6 月下降 0.4 个百分点。尽管消费的下降幅度远小于投资端，但考虑到消费较为稳定的特点，这种下滑幅度仍不免令人感到惊讶。

7 月经济数据的低迷正好得到同期金融数据的印证。"信贷跳水，只剩房贷"言简意赅地描述了7月金融数据的特点。7月新增社会融资总量4879亿元，不足6月新增量的1/3，同比少增2632亿元。其中，7月新增信贷4636亿元，而居民中长期贷款新增4773亿元。这意味着除去居民中长期贷款(主要是房贷)之后，其余的贷款总量竟然是萎缩的！我们在感叹购房者撑起中国经济的同时，也不禁深深地担忧实体经济需求的疲弱：在利率已经连续跳水之后，实体经济融资需求的恢复竟泛不起一片明显的水花，此前在欧美发达国家出现的流动性陷阱问题或许将逐渐困扰我国了。

客观地说，7月经济数据的下滑带有一定的偶然性因素，固定资产投资下滑主要系基建投资下滑所致，这与政府稳增长的态度具有密切的关系。但同时，最新经济数据所折射的一些问题则暴露出我国经济运行的症结所在：民间投资的大幅下滑(7月单月民间投资增速为－1.2%)与社会融资需求的疲弱相互印证，而消费的下滑也与近期房地产市场的火爆形成鲜明的对比。目前来看，尽管政府主导的投资对前期稳增长带来一定的作用，但也对民间投资带来一定的挤出效应，同时，近期房地产市场的持续火爆与货币政策相对宽松导致资金脱实向虚的特点较为明显，或将带来企业经营成本提高和社会贫富差距拉大的不利影响。

显然，在目前我国已经出现流动性陷阱迹象的情况下，货币政策再度单兵突进已经很难解决实质性问题，甚至可能起到反效果。因此，正如许多专家所呼吁的那样，财政政策需要发挥出更大的作用。但具体如何发挥财政政策的效应可能是一个更为重要的话题。如果政府仅仅是再度加大基建投资的力度，短期内固然可以起到稳增长的效果，但对于民间投资的挤出效应不可忽视，而且也对政府债务的可持续性提出了更高的要求。从去年以来中央大力推进的供给侧改革以及最新的政治局会议精神来看，财政政策可能更依赖其看似"无为"的措施来达到无所不为的效果：通过减税降费来降低企业运行成本，引导资金投向实体经济特别是短板领域，让微观经济体焕发出更大的活力。具体效果如何，还是拭目以待吧！

2016 年 8 月 18 日

女排的背后

里约奥运会将近尾声时,女排引爆了中国的荷尔蒙,从死亡之组走出来的中国女排,无数次绝地反击,无数次死磕到底,一分一分赢得主动,一次一次拼尽全力,最终站在了奥运金牌的领奖台上。

30年前,中国女排五连冠创造了史无前例的伟业,成为那个时代激励人们积极向上的标志;30年后,中国女排再度奥运夺冠,成为国人骄傲。其间,不变的是女排精神,而变化的是背后的支撑。老女排是举国体制的胜利,新女排是市场机制的成功。1984年中国女排在洛杉矶奥运会上的夺冠,给中国改革开放带来的是极其充沛激昂的精神动力,而这一次,带来的则是对尊重国际化、市场化、职业化的竞技体育运行规律的思考。

2008年奥运会郎平作为美国女排主教练战胜了中国女排,背上了叛徒的骂名。2009年郎平刚刚宣布自己准备退休,许家印即以职业化的决心、完全的授权、500万元年薪的资本力量,力邀这位"叛徒"回国组建中国排球第一个真正的职业俱乐部恒大女排。在郎平的执教下,恒大女排从一支全国女排联赛 B 组的球队，两年就成为 A 组冠军，三年成为亚洲冠军。而彼时，中国女排国家队正处于困境之中，许家印亲自找到郎平，大力支持她回归国家队执掌帅印，并承诺"恒大和郎导原有工作合同继续履行，岗位工资待遇不变"。郎平回归国家队后，还结合自己在国外执教多年的经验，引入了包括几名外籍教练在内的国际化专业团队，带领队员根据各自不同的情况进行体能训练和伤病康复训练。这些做法突破了国家队人事与制度上的要求，却支撑了中国女排的发展。郎平带领着中国女排逐渐走出低谷，短短三年时间，中国队先后将世锦赛亚军、世界杯冠军、奥运会冠军收入囊中。

可以说，正是恒大的职业化管理模式和市场化运营方式，造就了恒大女排的辉煌，也正因有此基础，国家体育总局才接受郎平在国家队的全部改革要求并改革原有管理体制。这枚奥运金牌，也是中国竞技体育职业化的里程碑。

不过，资本终究是利益驱动的。我们都知道女排夺冠后有个段子：女排把观众打哭，乒乓球把对手打哭，男篮被打哭，男足在家哭，30 年来从未改变。却未必知道，职业化的恒大女排在郎平离开后，遭遇恒大集团撤资，随后迅速坠落，再次降入甲 B，又回到起点。而恒大集团的重心则放在了关注度更高、投资回报更高的男子足球上，如同近两年雨后春笋般涌现的投资足球俱乐部的大型集团一般。

没有对比就没有伤害。目前女排联赛各支球队的球员平均每月收入四五千元,"惊人高"的中国女排队员惠若琪在恒大女排俱乐部一个月的薪水是 20 万元,而恒大男足国内主力年薪都在 500 万元以上,夺得亚冠时,奖金数额更是达到了惊人的 1.57 亿元。女排联赛普通队伍只要 150 万元就能够维持一个赛季,男足俱乐部动辄花费上亿元。

尽管我们再如何嘲笑男足,如何宣扬女排,在资本面前都是无奈的。商业化是动力却不是万能的。因此,对旧体制的成功突破,不等于竞技体育不需要国家力量与荣誉的支持。如同破除"唯金牌论",不等于金牌不重要;又如中国经济正在破除"唯 GDP 论英雄"的旧思维,但"有质量的、中高速的 GDP"仍然重要。

2016 年 8 月 25 日

网约导游

自己约个导游出发不再是梦想。

8月24日,国家旅游局召开全国导游体制改革试点工作会议,要求通过开展导游自由执业试点,建立健全导游自由执业管理制度和服务规范,搭建全国导游公共服务监管平台,推动企业建立网络预约导游服务平台,建立导游自由执业管理与保障体系,建立健全导游执业制度和以游客满意度为导向的社会评价体系。

据会议发布的数据,2015年全年我国接待国内外旅游人数已超过41亿人次。

而我国现行的旅游管理特别是旅游行业的核心人员——导游的管理体制,还是计划经济时代的模式。尽管主管部门采取了很多办法,包括改革导游薪酬机制、探索付给导游服务费等,但仍然很难改变目前的旅游价格乱象。目前全国近2.7万家旅行社中,大多数是小旅行社,其实也"养不起"导游。在这样的背景下,要想真正破题,就只能从体制上着手。

去年 12 月 2 日,国家旅游局同时批准了携程关于"互联网＋导游领队"改革试点及北京途牛导游薪酬激励试点的申请;2016 年 5 月 11 日国家旅游局下发《关于开展导游自由执业试点工作的通知》。

随着移动互联技术的成熟普及,靠旅行社出行和散客自由行的比例在发生颠覆性的变化。据了解,目前全国每 10 个游客中,有 7 个人选择自由行的方式。随着个性旅游、定制旅游的发展,继续把导游和旅行社捆绑在一起,对执业范围形成了限制,执业通道是不畅通的。此外,目前国内执业导游中,同旅行社签订合同的专职导游占比不高,大部分是在导游协会注册或挂靠在一些旅游公司、企业的导游。也正因此,放开导游自由执业,取消"导游必须经旅行社委派",就成为市场和客观规律的必然选择。

所谓导游自由执业,包括线上和线下两种方式。线上导游自由执业是指导游向通过网络平台预约其服务的消费者提供单项讲解或向导服务,并通过第三方支付平台收取导游服务费的执业方式。线下导游自由执业是指导游向通过旅游集散中心、旅游咨询中心、景区游客服务中心等机构预约其服务的消费者提供单项讲解或向导服务,并通过第三方支付平台收取导游服务费的执业方式。

日益普及的移动互联网,正在深入改造传统行业。现在,很多人都可以通过网络平台看医生、找律师了,网上预约导游服务,技术上不存在障碍,也更符合导游自由执业的特点。将来导游在服务过程中的表现都会体现在平台上，哪个导游服务得好不好，游客都能在平台上一目了然。

从旅行社的角度看，这意味着在线旅游平台除了卖机票、门票，订酒店、旅游团，提供租车服务外，还将开卖"导游"，旅行社平台化趋势已逐渐清晰。

站在改革者的角度来说，这一步尽管艰难，但总算是迈出了。多年前，当网约车刚出现时，很多人都反对，认为网约车抢了出租车的饭碗，这样会导致市场混乱。但事实证明，通过这种竞争，百姓出行有了更多选择，通过不断健全法制与监管，相信市场会逐步进入良性竞争循环状态。

任何情况下，服务消费者和服务提供者的双向选择都是对资源最好的利用。在移动互联网技术成熟的今天，放开导游自由执业与"互联网＋旅游"改革试点为我国旅游管理以及导游领队管理体制改革注入了强大发展动力，同时，对投资旅游业也提出了新的课题与挑战。

2016 年 9 月 1 日

G20 后的人民币

高端大气上档次的 G20 峰会圆满落幕了，其不但促进了二十国集团的合作，为世界经济增长传递信心，也让世界看到了中国的"力量"，见识到了我们的"人间仙境"——杭州。一直以来，在 G20 会议中，汇率都是一个重要的议题。G20 有一个共识，就是不以竞争为目的进行货币贬值，这次的杭州公报重申了这一点，即"将避免竞争性贬值和不以竞争性目的来盯住汇率"。

说到人民币，其国际化正在渐进有序推动，并将于 10 月正式加入 SDR 货币篮子，之后会发行以 SDR 计价的债券。在全世界的注目下，于情于理央行都会尽量避免在 G20 期间（包括之前）给全球市场发出人民币的疲软信号，实际上央行也是这么做的。会议之前即期市场人民币汇率一直保持稳定，即使中间价反弹，最后也会在 6.7 附近稳定交投，央行守稳该点位的意图明显。但是从衍生市场来看，人民币的贬值预期却在上升，人民币兑美元三个月隐含波动率涨幅加大，人民币看跌期权较看涨期权的溢价、远期合约较即期的贴水等都出现走升。那么，问题来了，G20之后，人民币汇率会怎么走，央行还会不会维稳？

目前，央行已经形成了参考"收盘汇率＋一篮子货币汇率变化"的人民币兑美元汇率中间价形成机制。在该机制下，人民币有两个锚：美元和一篮子货币。8月底美联储主席耶伦在杰克逊-霍尔会议上偏鹰派的表态使美联储加息预期迅即升温，加上近期美国非农就业和核心PCE显示美国经济短期向好，美元走强将是大概率事件。与此同时，英国脱欧的影响仍在发酵，欧洲银行业危机也有待观察。从这个角度来看，如果盯美元，人民币有效汇率会升值；如果盯一篮子，人民币兑美元将会贬值，而且幅度会比较大。

从方向来看，G20之后的两个大事件是10月人民币正式加入SDR和11月的美国大选。在这两个时点之前，人民币过快贬值显然都不是一个很好的选项，前者需要树立国际社会对人民币的信心，后者则要避免美国大选给全球金融市场带来不确定性背景下加大的汇率风险。除此之外，国内楼市现在这么火，居民"加杠杆"来势汹汹，人民币汇率如果大幅波动，由此造成的流动性冲击可能会滋生恐慌情绪，波及整个金融市场，这也是央行不希望看到的。所以，在G20之后，虽然人民币汇率或将面临波动和调整的压力，但央行维稳人民币汇率的意愿并不会削减。

从方式来看，除了"人民币中间价"机制，目前央行手中还有"适度加强资本管制"的王牌。虽然我国目前的资本项目管制不能完全阻止资金外逃，却能达到提高资金外逃成本的效果。而且，在年初离岸人民币流动性抽紧后,央行对离岸市场的掌控力也已大幅提升。除此之外,外汇掉期操作等工具的运用,也丰富了央行汇率调控的方式。

总体来说,人民币汇率稳定在贬值压力以及外汇储备不断消耗的背景下还是存在诸多考验,但在G20之后的一段时间预计央行仍会以维稳为主。不过,从长期来看,在人民币国际化的推进过程中,资本项目开放也是早晚要面对的问题。在不可能的三角中,汇率稳定和资本自由流动如何取舍,影响着国内经济和金融的稳定,也考验着央行的管理能力。

2016年9月8日

地产进退

国内房地产价格进入了高速增长模式。今年前8月,房价累计涨幅超过20%的城市已经达到11个。9月18日,在限购政策实行的前一天,杭州商品房成交量达30292套,刷新历史单日成交最高纪录,一天比上月全月总量还多出50%以上。

不过,就在杭州疯狂抢房的同一天,却有人退出房地产业。18日晚,联想控股和融创中国联合发布公告称,双方订立了两份框架协议。根据协议,融创中国将以约138亿元买下联想控股及其附属公司融科智地41间公司的相关股权及债权,目标公司主要拥有42个物业项目的权益。项目分布于北京、天津、重庆、杭州等16个城市,总建筑面积约1800万平方米,未售面积约730万平方米。

在房地产价格一路高歌的情况下,联想为何会出售房地产板块呢?从数据上来看,是因为联想的地产经营不佳。今年上半年,联想控股在房地产板块收入44.87亿元,仅占联想控股总收入的3.3%,同比下降3%,而其净利润下降则更为明显,由去年同期的14.48亿元下降75%

至 3.65 亿元。相较之下，其化工与能源材料净利润提升 624%，而其他几项业务收入均有不同程度的提升。

联想的融科智地规模不大不小，反而会使得各类成本增加，比如说住宅项目开发和营销管理方面，没有规模效应。而且作为一家上市的投资公司来说，房地产不属于高增长业务，与联想控股投资的其他新兴行业相比市盈率较低。因此，融科智地运营乏力业绩低迷，对上市公司股价提升作用有限，这或许是联想出售整个地产业务的主要原因。

而融创中国也算是捡了个大便宜。这 42 个物业项目将利好融创中国的土地储备，未出售建筑面积 730 万平方米，有效提高融创中国总建筑面积 15.87% 至 5330 万平方米。这些项目多数位于一二线核心城市，粗略计算，融创中国获得这些未售项目储备的成本不到 1900 元/平方米，价格非常低廉。而且，融创中国得到的不仅仅是地产公司最需要的土地资源，在品牌和影响力上也获益良多，融创在国内房地产的"十强"地位也将进一步巩固。

如今的房地产开发商正从八百诸侯的春秋时代迈入只有七雄的战国时代。这是一个寡头时代，一个规模制胜的时代，诸多地产公司在合并或合作。随着地价的上涨，市场竞争将越来越激烈。值得继续拿地开发的城市只有 40～50 个，而中心城市的项目，多须"啃骨头"，要有跟地方政府更紧密合作的能力。

柳传志将地产交给狂人孙宏斌，也许是因为联想没有房地产基因，也许是因为要将重心集中在核心业务上，也许是因为柳传志已预见到房地产行业见顶——虽然一些城市的房地产市场如烈火烹油一般，但中国房地产的盛宴已是"夕阳无限好"了。70%以上的信贷持续集中在房地产市场，是前所未有的，必然会引发高层警惕。房地产一个行业不可能支撑中国经济这么大的体量，而且随着房价的不断上涨，市场风险越来越高，"三去一降一补"的任务很难完成。因此，柳传志或许已意识到在房地产业务利润大幅下滑、政策高悬而其他人又在不断冲进去的时候，就是离场的最佳时机。这一次合作，是柳传志和孙宏斌之间的成全与报恩。

2016 年 9 月 22 日

出版界的新玩法

中信出版半年报称,通过"发力专业教育培训、国际教育市场以不断完善其业务体系,加大中信出版在教育产业的竞争力"。中信出版实现了"超预期增长"。一家出版机构调转枪口进军教育产业,究竟唱的是哪出呢?

中信出版 2008 年进军书店零售业务,截至 2016 年中,运营店面数量共计 82 家,尽管每年有 2 亿~3 亿元的营收,但近年依然有数百万元的亏损。目前,其主营业务收入仍以纸质媒介为主,2015 年在出版社实体书店码洋市场占有率为 1.54%,排名全国第 5,新媒体的普及和信息化技术的变革,对中信出版持续经营造成的压力可想而知。

在社会剧烈变化的当下,人们对教育培训的需求越来越大,相关行业自然成为投资者不错的选择。

首先,教育行业拥有海量市场空间。2015 年,我国家庭教育支出 2.9 万亿元,其中学杂费等体制内的支出约 1.8 万亿元,体制外支出约 1.1 万亿元(在线教育支出约 1000 亿元,线下培训支出约 1 万亿元)。

2015年教育培训整体支出约1.32万亿元，其中，职业教育、基础教育、高等教育、学前教育的市场空间分别约3700、2300、1400和780亿元。

其次，海量存量人群、全面二胎政策和家庭开支增加支撑教育行业快速增长。

增长驱动力之一：各个学习阶段有着巨大的存量人口。根据《国家中长期教育改革和发展规划纲要》，我国在2020年，义务教育、高中教育、中等职业教育、高等职业教育、高等教育在校生目标分别要达到1.65亿人、4700万人、2350万人、1480万人、3300万人。

增长驱动力之二：全面二胎实施将对增量人口影响显著。目前我国每年出生人口约1700万。预计全面二胎政策实施后每年新增出生人口将为160万～600万，相当于1700万的9％～35％。

增长驱动力之三：家庭教育支出增加。我国九年义务教育开展已三十余年，最早享受九年义务教育的一代人已成为基础教育阶段家长的主力军，家长的教育水平普遍提高，对教育的重视程度逐渐加强，在教育领域支出意愿更加强烈。以课外培训为例，40％的家庭每年投入基础教育课外培训的费用高于5000元，其中15％的家庭投入万元以上。

面对这大块肥肉，有牙口的动物都有按捺不住上去撕咬的冲动。借助中信集团的国际化背景，中信出版开始了转型的尝试，于2014年11月底，筹建合资公司中信楷岚教育，其后，中信楷岚教育与CIMA皇家特许管理会计师公会、中国图书进出口（集团）总公司等机构开展业务合作，布局教育市场，今年上半年在在线考试培训方面发力，并启动国际教育业务。为拓展中信楷岚教育的业务渠道，中信出版又在 5 月 16 日宣布以 4767 万元自有资金增资入股上海财金通教育投资股份有限公司。增资完成后，中信出版将持有财金通 184.93 万股，占股 27%。

图书和文化产品的延伸性很强，各个图书内容板块走向相关行业也顺理成章，除了布局教育产业，中信出版还将与泰国企业筹备合资成立咖啡生产公司，其产业链延伸不禁令人联想起诚品涉足有机食品领域。其实，只有形成真正能够被消费者感知的商业价值，才能拥有塑造整个商业链条的能力。这个道理，很简单。

2016 年 10 月 13 日

指数的背后

上周统计局发布了 2016 年 9 月份全国居民消费价格指数(CPI) 和工业生产者出厂价格指数(PPI)。数据显示，CPI 环比上涨 0.7%，同比上涨 1.9%；PPI 环比上涨 0.5%，同比上涨 0.1%。市场上不少分析称 CPI 超预期，PPI 由负转正，通缩风险化解，经济企稳。小祝对别家的分析不做评论，只试着用一些数据上的逻辑和可能并不成熟的见解，为各位解密物价指数背后的真相。

首先是 CPI。9 月份 CPI 环比、同比均较 8 月扩大 0.6 个百分点，其中食品价格同比上涨 3.2%，涨幅比上月扩大 0.9 个百分点。非食品价格上涨 1.6%，涨幅比上个月扩大 0.2 个百分点。所以结构上主要是由食品价格带动的，再细分就是食品中的鲜菜和鲜果涨幅较大。一是部分地区处于蔬菜换茬期，加之受台风等恶劣天气影响，鲜菜价格环比上涨 10.7%；二是天气转凉，部分瓜果逐渐下市，鲜果价格环比上涨 5.2%。除了食品价格涨幅明显外，去年同期基数回落也成为 CPI 上涨的原因之一。

自今年 6 月份开始，我国 CPI 同比涨幅就逐月下降，维持在"1 时代"。要说最近什么价格涨得最快，非房价莫属。但在 CPI 的解读中，买房算投资，租房才算消费。不过，从去年到现在房租好像也涨了不少嘛，怎么 CPI 还不到 2％？问题出在权重上，为了直观，我们来和美国做个对比。美国 CPI 构成第一大项是居住，占比 42.69％，其次是食品和饮料、交通运输；我国 CPI 构成第一大项是食品，占比约 34％（测算），其次是娱教文化用品及服务，第三才是居住。有趣的是，2009 年中国的房价开始暴涨，可是 CPI 构成里面，居住的权重不仅没有上调，还出现下降，令人不解。我们都知道，货币量对物价的影响很大，但是 2009 年之后，我国 M1 和 M2 的增速跟 CPI 的关系不是很紧密，甚至出现了背离。

然后是 PPI。9 月 PPI 环比较 8 月扩大 0.3 个百分点，结束了同比连续 54 个月下降的态势，自 2012 年 3 月以来首次由负转正。从大类行业看，黑色金属冶炼和压延加工业、有色金属冶炼和压延加工业、煤炭开采和洗选业领域价格的上涨是影响 PPI 同比转正的重要因素。一般来说，钢铁煤炭价格看国内，石油价格看国外，那国内发生了什么呢？去产能。产能短期内大幅波动，同时带动价格波动，但是这个价格不是市场形成的。举个例子，由于实施 276 天限产，目前动力煤合约价格已经超过 550 元。

除此之外，再看看 9 月的外贸数据，当前我国贸易情况再度恶化，出口增速大幅下滑至-10%，进口增速由正转负，贸易顺差受出口的拖累而大幅收窄。出口的大幅下跌不仅有高基数的原因，外需也确实有所弱化。当前全球经济面临较多不确定性，美国大选、英国退欧、欧洲银行业危机、意大利公投这"四大风险点"在近期不断发酵，美联储年底大概率的加息也可能引起经济震荡，短期贸易情况可能难有明显好转。所以回过头看，这样的PPI由负转正好像无法成为通缩风险化解、经济企稳的证据。

经济是个系统，不能光看表象，不能某个指标上去了就开始乐观，要看背后的逻辑。也许有人说我悲观，但谨慎点总比盲目乐观强，小心驶得万年船。

2016年10月20日

"共享经济"的困境

近日,"共享经济"第一股"住百家"开始融资。作为半年前在新三板上市的第一支共享经济股票,12个月前,住百家刚刚以 5.4 亿元的估值融资 4000 万元,3 个月前又向银行和第三方累计贷款 6500 万元,而现在又希望以 20 亿元的估值来融资 5 亿元,国庆之后还有要裁员一半的传言,无论真假,都说明住百家的盈利模式出现了问题,烧钱的规模越来越大。

而眼下备受追捧的"摩拜单车"和火爆校园的"ofo",看起来很美,盈利却遥遥无期。再看曾经红极一时的滴滴出行等"共享出行",在经历了前期不计成本的大肆烧钱、后期悄然涨价收割用户后,盈利曙光在望,却一方面因"盈利"导致客户黏性下降,另一方面又迎来了监管的暴击。

这些都说明,目前"共享经济"面临盈利模式的困境。

首先是信用不足。以向国内用户提供海外短租住宿服务的住百家为例,其与目前公认的共享经济界最成功的企业之一 Airbnb 有相似之处。

Airbnb 每笔预订向房东收取 3％的服务费，向房客收取 6％～12％的服务费，盈利模式清晰。但 Airbnb 的发展建立在欧美国家完善的实名制、信用体系和乐于分享的文化基础上。而这些条件在中国全都不具备。因此住百家选择了海外房源，但这导致公司需要在线下对海外房源进行拓展、评估和质检，运营负担较重，成本过高，而短租中介本身盈利很少。此外，在消费习惯尚未形成的市场中，高额的流量获取成本也是压在其身上的又一座大山。

其次，有些并不是共享经济。摩拜单车是重资产模式，公司提供自行车"共享"给社会；而滴滴是平台模式，提供平台让司机"共享"给乘客自己的私家车。但这些其实都不是真正的共享经济，而是公共经济，是对现阶段公共服务痛点的完善和补充。这样的公共项目，先天就很难盈利。

而一些共享器械、设备、服装的公司同样非常尴尬。物品价格低的，交易成本太高，有时不如自己买个新的；物品价格高的，又很难防止物品的损坏和丢失。

那"共享经济"已死了吗？不，共享经济仍然是社会发展的未来形态，但这需要一段时间的积累。对于任何一个市场来说，新的模式都不是立竿见影的，总需要适应和反复迭代。共享经济也是如此，其发展的第一阶段可能已经成为过去，但随着信用数据的积累和技术的发展，共享经济将被再次激活。一方面，社会的进步使个人信用记录更加完备，各类"共享应用"应当与个人信用记录关联,既是个人信用的使用者,也是个人信用的创造者,这样"共享"的信用风险将大幅降低。另一方面,技术的发展(例如区块链)未来可以实现所有权的拆分、合约智能化等,减少"人"的参与,从而降低交易成本。

未来社会的某一天,你乘坐无人驾驶的车来到单位,车并没有停在车库,而是自动驾驶利用空闲时间去"接单",在这个过程中顺便取了你在共享平台上租赁的"无人机"来为晚上的活动摄像,并在下班前接上你和朋友们,送到"共享房屋"短租的别墅里参加派对。也许这就是"共享经济"。

2016 年 10 月 27 日

泛海出海挖的什么宝

中国企业海外并购波涛汹涌，险企成热门标的。继多家国内巨头斥资收购海外险企后，中国泛海宣布，拟斥资约 27 亿美元收购在纽交所上市的美国大型综合金融保险集团 Genworth Financial 的全部已发行股份。

Genworth 金融集团是美国最大的长期护理保险公司，并经营寿险和年金业务，在福布斯全球保险业排名第 77 位。据称，中国泛海此次收购 Genworth 将能够帮助 Genworth 金融集团进一步开拓市场，改善运营情况，有利于维护保单持有人的长期利益和收益水平；将使中国泛海迅速进入美国这个全球最大的保险市场，提升中国泛海的国际化水平；此外，中国泛海还可利用 Genworth 金融集团在保险行业的丰富经验和最佳实践，为解决日益增长的中国老龄化问题所带来的挑战做出贡献。

Genworth 从事的长期护理保险业务对我国来说还是相对陌生的概念。长期护理保险是为因年老、疾病或伤残而需要长期照顾的被保险人提供护理服务费用补偿的健康保险。这是一种主要负担老年人的专业护理、家庭护理及其他相关服务项目费用支出的新型健康保险产品。

该险种于 20 世纪 70 年代起源于美国，随后进入法、德、英、爱尔兰等欧洲国家和南非，在亚洲，日本于 2000 年将长期护理保障作为公共服务产品引入国家社会保障体系，要求 40 岁以上的人都要参加新的长期护理方案。

我国人口老龄化程度不断升高，老年人日常护理需求也持续上升。伴随年龄结构老化，老年人的身体机能呈现下降趋势，与此同时老年人的疾病谱也在发生变化，心脑血管疾病、糖尿病及肿瘤等慢性非传染性疾病发病率提高，高龄老人、失能老人及残障老人对专业的日常医疗护理需求更为突出。

调查显示，我国老年人口的年龄结构相对年轻，2015 年，低龄（60～69 岁）老年人口占 56.1%，中龄（70～79 岁）老年人口占 30.0%，高龄（80 岁及以上）老年人口占 13.9%。当前我国老年人口仍以低龄老年人口为主，"十三五"时期，我国仍处于积极应对人口老龄化的战略机遇期。

然而，目前我国老龄工作也仍然面临很多问题和短板，包括：老年人口持续增加，老龄化程度持续加深；老年人收入总体水平虽然有较大程度提高，但是，贫困和低收入老年人口数量依然较多；老年人健康状况不容乐观，失能、半失能老年人口数量较大，全国失能、半失能老年人大致有 4063 万人，占老年人口的 18.3%，老龄服务发展不平衡，供求矛盾依然严峻；老年人居住环境建设滞后，农村老年人住所和城镇公共设施不适老问题突出；老年人精神慰藉服务严重不足，农村老年人精神孤独问题尤为突出，空巢老年人（老年夫妇户、独居老人）占老年人口的比例为51.3%，其中农村为51.7%。

针对我国大量的失能、半失能老年人群体，通过探索建立长期照护保险制度以及做好医养结合服务，为老年人提供连续性和综合性两个方面的保障工作，显然是一条可行之路。

面对这一长期增长的巨大市场，泛海出海挖到了一块宝。

2016年11月3日

雾里看花说投资

年底将近,却并不平静,美国大选、韩国总统爆出的新闻比《纸牌屋》还精彩。不过,今天不谈政治谈投资。近期已有投行券商开始发布 2017 年的策略观点,有些超预期的是,几位大佬对于错综复杂环境下的市场预测有颇多相似之处。对此小祝也有感而发,在此班门弄斧叨叨几句。

如果用一个词来总结 2016 年国内的投资市场,非"资产荒"莫属。虽然严格来说金融资产的规模和种类仍在不断增加,"资产荒"的说法并不精确,但作为投资者,却能实实在在地感受到它的存在,比较直观的就是各种"宝宝"们的收益率从 2013 年的 6% 左右降到了今年的不足 3%。

"资产荒"对于投资的影响是全方位的,最显而易见的是各类资产的预期投资回报率下降。以 A 股为例,今年以来资本市场表现低迷,投资者的收益率普遍偏低。粗略统计了一下,截至目前偏股型基金收益率中位数为 -4%,实现正收益的仅有 20% 左右,债券基金收益率的中位数也仅 3.4% 左右。除了 A 股，银行理财收益率也是节节走低。今年房地产和商品等实物资产表现倒还不错，但普通个人投资者参与实物资产投资的难度较大，这里就不提了。伴随投资回报率下降，投资难度也大大提高。大类资产轮动的速度加快，有人戏说美林时钟走得太快，变成了美林电风扇，市场无趋势性波动成了主流走势，追涨杀跌的趋势投资者在这种市场环境下被整得很狼狈。

为什么会"资产荒"呢？从供需关系来说，原来是钱少资产多，现在是钱多资产少，特别是优质资产太少。归根到底，这是实体经济回报率下降的深层次影响：实体经济不赚钱导致融资需求减少，优质企业的融资成本下降，而问题企业的信用风险反而在经济下行周期中上升。再加上前两年货币政策实质偏宽松导致流动性扩张，资产端变成了香饽饽，以商业银行为代表的资金供给端颇受冲击。"原来你对我爱答不理，今天我让你高攀不起。"像过去那样四平八稳做信贷和非标恐怕只能"等死"，于是银行也开始尝试做权益类的投资，这都是被逼的。

各位可能更关心 2017 年的投资机会在哪里，近期几位投资大佬纷纷看好明年的股票市场而看淡债券市场。理由如下：第一，"资产荒"的大环境很难出现实质性改变，这可能意味着投资的预期回报率仍然处于低位。大佬们看好股市也只是相对的，绝对收益方面未必会太高。第二，明年"央妈"的钱估计不太好赚。原来"央妈"主要盯紧国内经济基本面就行了，最为重要的是增长和通胀。现在"央妈"还要想方设法去杠杆，千方百计稳汇率，承担的责任多了很多，而腾挪的空间却少了不少。从经济基本面来看，未来一段时间货币政策放松的空间不大，再结合其他因素，期待明年央妈撒钱的愿望恐怕会落空。

说了这么多，不知各位对明年的投资是否比原来的"雾里看花"稍微清楚了些。最后写一点个人不成熟的小建议。首先，降低收益预期目标，这也算是与现在的"资产荒"环境相吻合吧。其次，结合自身的特点做好相应的投资选择，个人投资者不妨还是做些分散化的配置，股票、固收、黄金等都拿一些，以求达到东方不亮西方亮的效果。

2016 年 11 月 10 日

全球第五大经济体

"先定一个能达到的小目标,比如挣它一个亿",对于阿里巴巴来说,这真是一眨眼就能办到的小目标。"双十一"那天零点刚过,20 秒交易额过 1 亿元、52 秒交易额上 10 亿元、6 分 58 秒破 100 亿元。最终,2016 天猫"双十一全球狂欢节"以 1207 亿元交易额创造了新的世界纪录。

原本以为"双十一"的狂欢消耗的是前后很长一段时间的商品购买力。但实际上,2015 财年阿里巴巴零售平台商品交易额(GMV)达到 3.092 万亿元人民币,日均 84.7 亿元。今年"双十一"交易额也只是相当于把两周的量浓缩到了一天里,说明"双十一"对电商销售额的吸水效应并没有那么强,负影响力较弱。而对比另一组数据,2015 年全国社会消费品零售总额为 300931 亿元,日均零售额为 824.46 亿元,比今年"双十一"单日交易总额少近四百亿元,比去年也要少 75 亿元。要知道,1207 亿元这个数字并没有包括其他电商平台在内,只是阿里巴巴一家公司平台上完成的数据。而且,随着京东、唯品会等网站检索量的不断上升,"双十一"已从阿里系专属,转变成全电商行业的促销节。电商全面压缩实体店的市场份额,成为全社会性的购物方式。

不过,这并不意味着实体店毫无活路。近年来,很多大型实体店开起了网店,而大型电商却开始密集布局实体店,通过实体店加强顾客的购物体验,形成线上为主、线下为辅的作战方针。可以预见,未来电商和实体店将长期处于竞争和共存的胶着局面,双方之间的界限,也将逐渐模糊,逐步变为合作和融合。

线上线下不仅存在于垂直维度,在水平维度,以马云和阿里巴巴为首的电商布局的全球化电商平台也日益成熟。"双十一"当天,全球235个国家和地区参与到天猫"双十一"活动中。其中最热门的进口国家是日本、美国、韩国、澳大利亚、德国。而参与"双十一"最活跃的海外国家是俄罗斯、西班牙、以色列、乌克兰、法国。马云倡导的"全球买、全球卖"的全球电子商务平台(eWTP)已小有规模,可以预计,二十年后,或许更短的时间内,世界会诞生一个网络上的虚拟经济体。在这个经济体上面,全世界各行各业进行"全球买、全球卖",所有的人利用自己的手机终端,通过跟经济体的连接,就可以做全球的生意。全球商业史上将首次出现一个由企业单体推动、多方共同参与的世界级贸易市场,马云将之称为"新经济时代"。

在今年的"双十一"中,阿里完成了从产品底层、支付金流、物流模式到前台展现的全线升级,为海外商家和消费者提供了全套解决方案：第一次实现在中国大陆外商品交易的美元结算模式,让海外商家通过运营一家店铺、使用一个海外支付宝账户,就能同时覆盖全球多区域市场。这些在过去几年尚不多见的跨境交易和跨境支付已经成为标准项,全球规则、政策和环境都在大市场前提下默契运行。"双十一",就是被写入 G20 公告的 eWTP 建议的一次最好的落地实施。

难怪有人说,未来阿里将成为仅次于美国、中国、欧盟和日本的世界第五大经济体。

2016 年 11 月 17 日

文化消费

英国IHS马基特公司的数据显示,今年中国平均每天新增银幕为27块,很快中国将超过美国成为全球电影银幕数量最多的国家。与此同时,中国电影市场的低渗透率意味着增长空间巨大。据预计,中国的电影市场未来10年将以年均15%的速度增长。基于此,2026年中国的票房将达300亿美元,占全球份额的40%～50%。

近年来,我国文化消费规模日益扩大、市场不断升温,已成为消费领域新亮点。

文化消费是用文化产品或服务来满足人们精神需求的一种消费,主要包括教育、文化娱乐、体育健身、旅游观光等方面。文化消费的历史可以追溯到20世纪50年代末60年代初。在这个时期中,欧洲与美国首度出现相对来说足够富裕的劳动大众,有能力不再只是照顾"需要",而可以从"欲望"的观点去进行消费——影视、体育、旅行,都逐渐成为常见的消费品。此外,劳动大众在这个时期开始利用文化消费的模式,去关联他们的认同感。正是在这个时期,"文化消费"开始成为一个重要的文化课题。

从以往的"奢侈生活"到现在不可或缺的"日常生活",人们的文化消费活动在改善生活品质的同时,也对经济社会发展起到了推动作用。当前我国宏观经济进入了新的发展阶段,人均GDP、城镇化率和服务业占GDP比重三组数据相继跨过临界点,构成了下一阶段文化消费发展的宏观经济基础,令文化消费需求日趋刚性,并成为当今消费领域中基数最大、增速最快、变化最多、潜力最大的中坚力量。

与以往不同,当前社会已经出现有别于此前以生产来主导整个经济社会发展的一些特征,如开始越来越注重消费,消费在整个经济社会发展中的拉动和引擎作用日益显著。人们越来越追求心理的、文化的满足,经济形态出现了一种新的变化,即文化越来越经济化,这主要表现为一系列文化产业的发展,以及在经济发展中越来越注重提升产品的附加值(这种附加值很大一部分是由文化、审美等因素来实现的)。由此出现了一种潮流,就是经济文化化、文化经济化。

虽然我国文化消费发展迅速,但在国民经济中仍占比不大,存在明显的消费缺口。如何更好地引导消费需求,做强文化产业,让文化消费成为促进经济发展的新动能,是当下亟待深入思考的问题。

具体而言,当前文化消费的特征是信息化、技术化,文化消费的发展在推动经济发展的同时也为其他产业的发展提供了更多机遇。文化消费的重要内容首先是信息消费,信息技术的广泛运用特别是移动互联网的普及，导致我国移动网民数量激增，正在改变我国居民的消费习惯、变革消费模式、重塑消费流程，催生线上线下、体验分享等多种消费业态。同时，互联网与旅游、文化、娱乐等产业的跨界融合，在刺激信息消费、带动各领域消费的同时，也为云计算、大数据、物联网等基础设施建设，以及可穿戴设备、智能家居等智能终端相关技术研发和产品服务发展提供了广阔前景。

2016 年 11 月 24 日

国运来了

2016年，整个世界像一个黑天鹅湖一样，英国退欧、特朗普入主白宫……市场已经不能用已有的逻辑和认知去预测。当世界混沌一片的时候，往往就孕育着新的力量。

2008年以前的国际形势给我国提供了宽松的发展环境。首先是20世纪70～90年代中苏关系破裂后，美国为对付苏联拉拢中国，支持我国迅速启动改革开放。其次是20世纪90年代到2000年左右，随着苏联解体，中美互为对手的状态重新出现，但当时国外充斥着唱空中国的言论，所以以美国为首的资本主义国家希望能旁观中国自生自灭。此时中国对外主动示好，提出建设"战略伙伴关系"，对内加紧建设，积极推进体制改革，最后中国崩溃论不攻自破。再后来是2000～2008年，2001年中国加入WTO后"中国制造"的优势开始凸显，此时美国已经把中国视为竞争对手，开始对亚太施压。然而"9.11"事件爆发，使美国把注意力转到反恐上，此时"宽松"的国际环境恰好给了中国大好的发展时机，中国经济借着WTO的东风呈现飞跃式发展。

以上是 2008 年之前国际关系形势给中国经济带来的红利，之后形势急转直下。奥巴马上台后，战略重心重返亚太，中国虽然是和平崛起，但作为世界第二大经济体不招风是不现实的。所以小祝在当时的判断是，国际关系红利已经消退，但现在，随着特朗普的上台，哈哈，这些红利可能又回来了。

先撇去特朗普要推动美国加入亚投行的传言不说，单是美国退出 TPP，就是给中国的一份大礼。11 月 21 日，特朗普通过视频阐述了他的上任 100 天执政计划，表示将在上任的第一天发布总统行政令，退出 TPP。奥巴马苦心端出的大菜，不想遇到特朗普这个搅局的。很多国家傻眼了，"群主你不说话不发红包可以，但你别退群啊"。

TPP，这个被认为是 WTO 升级版的新自贸协定，设立了严格的政治条款，针对中国的目的昭然若揭。中国作为世界第一大贸易国，如果失去未来规则制定权，无疑将受制于人，后患无穷。根据美国彼得森国际经济研究所的估计，TPP 一旦谈成，协议签署国之间的贸易活动将增加，中国每年的出口损失约为 1000 亿美元。1000 亿美元啊！

您可能会说，美国退出 TPP 是由于特朗普一直主张贸易保护和逆全球化，此后他难保不会针对中国出些别的招数。当然这里并不是说特朗普就此成为我们的"长腿叔叔"，而是因为他有别的事情要做。一是发展国内经济，特朗普主张美国全球战略收缩，减少对国际事务的干涉，专注国内经济发展。二是和美国国内精英集团斗争，从选票来看，特朗普的拥护者主要来自中层的白人，华尔街、常春藤、硅谷、好莱坞这些精英们有多么不待见特朗普，由美国的一些主流媒体的评论就可见一斑，很期待下一季的《纸牌屋》呢。

特朗普的做法无疑给中国扩展了地缘政治和经济发展的空间，这让安倍无比心焦烦躁，迅速和韩国签订了《军事情报保护协定》。

2016年12月1日

门口的野蛮人

从去年宝万之争开始,"门口的野蛮人"一词就成了中国财经界的热词。"门口的野蛮人"在国际上指"不怀好意的收购",而在当下的中国,被更多地被安在了某些险资杠杆举牌之上。

在刚过去的这个周末,"门口的野蛮人"又被严正警告不能做"奢淫无度的土豪"、"兴风作浪的妖精"和"谋财害命的害人精",不能从门口的陌生人变成野蛮人再变成强盗。两天过后,就传出了宝能系前海人寿被暂停万能险新业务的消息,三天后保监会检查组就进驻前海人寿了。

那么,险资举牌怎么了?第一类是安邦这种,举牌中国建筑这样的大家伙,4年间举牌10家蓝筹股。第二类是宝能这种,举牌万科A,差点把王石赶下台;举牌南玻A,南玻高管集体辞职;还差点儿举牌格力电器,让董明珠虚惊一场。第三类是恒大人寿这种,举牌梅雁吉祥,推高股价,"短炒"一个月就突然全部减持,斩获暴利1.6亿元。目前看来,第一类比较受市场和被举牌企业的欢迎,而第二、三类可能就有点扰乱市场。

近年来险资举牌现象突然增多。2015 年至今 A 股共发生举牌 260 余次，险资举牌就达 80 余次，耗资 3000 余亿元，而且大多是以万能险为主的新锐保险公司。在"资产配置荒"的大背景下，权益类投资成为维护投资收益率稳定、保障利差的重要手段。保险资金进行多元化配置、买入上市公司股票，本来无可厚非，而引发愤怒的是一些保险资金运用杠杆大笔收购经营良好的行业龙头，进而达到控股，甚至进一步更换管理层的目的。一些管理层是该企业开疆辟土的创始人，或是带领该企业成为行业龙头的灵魂人物，这样被赶走从"情理"上总是令人惋惜。

当然，资本市场是残酷的，按照游戏规则资本有权力更换管理层，从"法理"上是正当的。但是，如果收购资金内含巨大隐患，不合规、甚至不合法呢？

第一，通过万能险账户购买股票最大的隐患，是资金期限错配、收益率不匹配。为偿付保费，保险机构激进投资，容易出现偿付能力危机、流动性危机和其他不可控的风险。第二，资金来源有灰色空间。目前保险机构举牌资金来源主要包括自有资金、资产池资金、资管计划和涉借贷的杠杆资金等，很多险资在举牌时未在第一时间完整、穿透式披露资金来源及合规性，被监管层多番问询后，才逐步披露。其中，资管计划资金穿透披露较为充分，但是当资产池资金和杠杆资金相结合，或者与资管计划相结合时，分层众多，普通的穿透式披露无法描述资金来源，就很有可能形成灰色空间，使得部分违法违规的资金有机可乘。第三，如今大部分的举牌案例会涉及杠杆收购，而且是通过购买上市公司股票—将股票质押—继续购买股票的循环方式来层层加杠杆，最终持有上市公司一定股权比例。这时如果上市公司股价下降，举牌方很有可能面临爆仓风险。因此，随杠杆收购而来的往往就是举牌方以各种理由胁迫或炮制的提升股价措施，这对资本市场和上市公司而言，都不是长久之福。

由此，监管层的愤怒与介入也就很好理解了。

2016 年 12 月 8 日

货币泛滥与流动性拐点

近一段出国和忙着海淘的小伙伴可能会觉得钱袋有点儿瘪,"银子"变得不值钱了。货币泛滥一直是个全球性的魔咒,从三年前的人民币对美元中间价"破6",到前不久的"12连跌"逼近"破7",着实考验一众脆弱的小心脏。

过去老辈人习惯性把美元称为美金,因为它有金子般的信用和价值。但是二战后,高速发展的国际贸易需要大量的美元,而美元是挂钩黄金的,黄金却并没有这么多,无奈之下,美元只能向全球贸易妥协,和黄金脱钩。

2001年,美国资本市场和美元走到了历史的巅峰,互联网泡沫被无限吹大。就在泰坦尼克号歌舞升平之时,美国股市和美元抱在一块,纵身从悬崖上跳了下去。为了应对泡沫破灭对经济的沉重打击,美联储掌门人格林斯潘彻底打开了印钞机,货币政策在他的手中变成了哈利·波特的魔法棒,美元、美国股市、美国房地产,都因为放水尝到了甜头。一个互联网泡沫破灭了,另一个新的房地产泡沫又被吹了起来,直到

2008年房地产次级债务引爆全球金融危机，伯南克临危受命，按照格林斯潘的经验，比着葫芦画瓢，重启印钞机。钱多了，市场自然被流动性推升。从2008年金融危机算起，美联储四度放水，泛滥的美元再次严重挫伤了人们的信心，轰鸣的印钞机伴随着巨量的抛售，自此美元走上了一条贬值之路。

危难之时美联储派出白发耶伦老太，向全球市场打了一套漂亮的太极拳，通过连年释放"加息预期"，让美元小步升值，这相当于发出信号，喊全世界各国的美元小朋友回家吃饭。其"嘴上加息"的巧妙在于，吸引了美元回流，却并没有过度抬高企业融资成本。

就像这个星球有南北之分一样，当一些人在享受阳光和温暖时，总有另一些人遭受阴霾和冰冷。当广场上中国大妈载歌载舞之时，新兴市场却遭受着几乎是全线的沉重打击。从墨西哥到委内瑞拉，从泰国到巴西，甚至连体格强壮、向来以耐寒闻名的俄罗斯人，似乎也无法抵御这场突袭金融市场的寒流。

尤其是自美国大选之后，美元指数似乎站稳在100关口之上，"流动性拐点"的讨论再度升温。

我们看到：近几个月全球通胀呈现明显的回升趋势，特朗普可能的新政改变全球通胀预期，美联储加息周期重启已成为确定性事件，日本央行可能不得不将10年期国债收益率目标由最近设定的零水平向上调，欧洲央行此前也压低了利率并向实体经济注资，中国央行货币市场利率转向"趋势性平衡"。这些事实似乎都证明全球流动性拐点已经到来。

然而如果只考虑流动性问题，则理论上"全球流动性拐点"对于所有资产全部利空。一个经济体繁荣，往往有两种可能：要么你的实体经济、你的服务贸易高速发展，带来大量投资机会；要么你的虚拟市场交易火爆，也同样带来交易性财富效应。不管是哪种情况，都会吸引境外资本。但你千万别以为这些钱都是来和你执子之手的，它们都是典型的趋炎附势，看上的是你当下的花容月貌。

有人说，长期来看，若中国经济企稳得到国内外投资者的一致认同，则在人民币已调整充分的情况下，人民币资产将具有显著的配置价值。这个说法不错。

2016 年 12 月 15 日

让改变发生

看到这个题目可能一些朋友已经发现了,这是运动品牌李宁的宣传语。不过今天用这样一个题目并不是给李宁做广告,而是在看到今年中央经济工作会议公告之后,小祝脑海里面浮现出来的一句话。一方面,明年中国经济的走势可能更像是李宁的LOGO,后面小幅回落的概率是挺大的;另一方面,在稳的前提下,政策面对明年调结构和促改革方面的诉求提升,经济层面的改变预计将明显增加。

首先简单谈一下,中央经济工作会议定调后,明年中国经济的可能走势。小祝三年前的一篇文章《小祝观察》中有个"稳先生"(稳中求进)和"改先生"(改革创新)的提法。时过境迁,稳中求进已经上升为"治国理政的重要原则"和"做好经济工作的方法论";"改先生"的内涵也大大拓展了,今年以来重点推进供给侧结构性改革。但两者相辅相成的关系倒没有发生实质性的变化。今年经济的探底回升为明年经济政策提供了更多的腾挪空间,而海外政治经济走势的不确定性也提升了改革的紧迫性,毕竟"打铁还须自身硬"。因此,我们看到今年中央经济工作会议对经济增长的表述有所弱化，更加强调供给侧结构性改革，而货币政策稳健中性的提法也从一个侧面反映出政策重点的变化。结合当前经济走势的特点，小祝觉得明年经济呈现前高后低的可能性是比较大的。

据此分析，明年政策重点将主要围绕"改"来展开。这里重点谈以下三个方面。

第一，迎接实体经济的春天。此次大会将"振兴实体经济"单独列出且着重强调，令人颇感震撼和欣慰。其实实体经济与虚拟经济本是一对孪生兄弟，只有实体经济持续健康发展，金融市场才能实现长期繁荣。但近年来，实体经济回报率下降，大量资本涌向金融业，进而导致金融业占GDP的比例快速提高，但制造业比重却在快速下滑，脱实向虚的现象明显，这是"虚胖"，长期来看这一过程是无法持续的。我们都希望这对孪生兄弟能够携手并进，而这就要看振兴实体经济的具体举措和成效了。不过，小祝想提醒的一点是，这一政策态度的变化短期内对于金融行业恐怕并不是好事，近期的债券市场大幅动荡就是个明显的例证。

第二，房地产政策思路大调整。房地产政策向来备受关注，而此次中央对于房地产政策的调整则异常明确，"房子是用来住的、不是用来炒的"的政策定位意味着今年"十一"前后的房地产调控政策仍会在明年延续。除行政手段外，相关的"基础性制度和长效机制"可能也会加快落实。至于房价是否会因此出现大幅下跌，小祝认为也未必，毕竟要想促进房地产市场平稳健康发展，从结果上要"既抑制房地产泡沫，又防止出现大起大落"。

第三，体制改革加快推进。今年中央经济工作会议对深化改革方面的着墨看似不温不火，但细究起来还是很鼓舞人心。此番提出的议题，无论是国企国资改革，还是财税金融体制改革，都是事关经济全局的"关键性、基础性重大改革"，从中不难看出决策层的决心和勇气，而加强产权保护制度建设也会对增强民营经济的活力起到不小的作用。总体来看，明年体制改革的方向将紧扣十八届三中全会的改革路线图，主要看点在于国企国资改革这场大戏的上演。

让我们做好准备，迎接改变的发生。

2016 年 12 月 22 日

激变 2016

还有两天 2016 就结束了，不知道你的 2016 目标清单都实现了吗？

要让小高用一个词来总结 2016 年的话，那就是"变化"。国际国内、政治商业、经济金融等各个方面都发生着剧烈的变化，有些甚至是颠覆。"黑天鹅"事件从未像今年这样频繁迸发，而且夹杂着诸多不确定性的未来似乎仍会沉浸在一片黑天鹅湖中。

英国脱欧、特朗普当选，让全世界都始料不及，"民粹"之风席卷全球。欧洲已不再是那个 19 世纪引领工业革命的欧洲，也不再是 20 世纪力推一体化进程的欧洲，而是被金融危机、欧盟解体、民粹主义阴影笼罩的"新"欧洲。美国也不再是那个四处增兵，有能力"管理"全球事务、不停输出意识形态的世界警察，而变得更加追求务实高效和经济利益。美欧巨变，新兴市场经济体却在强势美元的冲击下变得黯淡无光。辉煌的历史已然成为过去，而如何定位富有前景的未来的确是任重道远。

放眼国内，全面"二孩"放开、22 省跨省就医直接结算、三大电信运营商取消长途漫游费、身份证护照可异地办理，人民群众在悄然享受着这些"变化"释放出的巨大福利与便利。但是，雾霾肆虐、房价飙涨，一线和热点城市的生存变得更加"艰难"，正常的需求变成了奢望，"北上广深"的漂泊者们怎样才能让"渺茫"不去修饰希望？

金融市场领域的故事更是情节跌宕，步步惊心！你的银行账户在变，理财管理在变，消费习惯也在变，股市更是云诡波谲。股市熔断、人民币入篮、险资举牌、互联网金融整风，匆匆这一年，有多少功成，就留下多少唏嘘。

年初 A 股在短短四天之内两次熔断，熔断机制实施后的第四个交易日，上交所、深交所、中金所同时发公告暂停实施指数熔断机制。上半年，当五大国有商业银行联合宣布转账汇款免收手续费的时候，大家刚准备欢欣鼓舞地挥手"告别"汇款收费时代，微信、支付宝突然宣布提现要收手续费啦！当然，我们不能仅仅盯着人民币的境内使用，人民币"入篮"的梦想在 2016 年金秋终于成真，人民币作为除美元、欧元、日元和英镑之外的第五种货币，成功加入特别提款权的货币篮子，人民币国际化的步伐又扎扎实实地向前迈出了一步。不过，开始"市场化"的人民币在内忧外患的夹击下一路贬值，尽管各界都认为人民币没有贬值基础，频繁到成为年度新成语"人无贬基"，可是依然拦不住奔 7 的势头。大宗商品在 2016 年也玩起了"过山车"，在以煤炭、钢铁为代表的"黑色系"带动下，多个大宗商品轮动上涨，交易所多次提高手续费以抑制投机过热，多个品种一度受挫，"双十一"当晚期市夜盘上演多年来未曾有过的极端行情，多个品种从涨停一路走到跌停。"双十二"期间，在美联储加息、国海证券萝卜章、保监会"死盯"险资举牌等种种因素下，接连出现两次罕见的股债汇三杀，资本市场经受残酷的"血雨腥风"。

　　身处繁世，一个不经意就会被卷入金融变革的浪潮之中。人们对财富孜孜不倦的追求，伴随着2016的年轮滚滚向前，从未停歇，有多少默默无闻的执着，有多少后知后觉的哀愁，还有多少黑马颠覆的奇迹。回味交织万千情愫的过往，定格记忆春秋冬夏的喜忧。再见，2016！

　　　　　　　　　　　　　　　　　　　　　　　　2016年12月29日

机器与人的世界

进入 21 世纪以来，中国工业机器人供应量的增速达到 17％。机器人使用密度为每万人 49 个，产值规模达到 16.4 亿元，2016 年需求量为 6.5 万台，市场占比提高至 15％，产值增速达 55％。根据《中国制造 2025》的规划，2020 年、2025 年和 2030 年三个时间节点国内工业机器人销量的目标，分别是 15 万台、26 万台和 40 万台。

自物种产生之日起，人类始终有着万种恐惧，今天又多了一种：机器人。

牛津大学的一项预测称未来 20 年内，美国约 47％的工作岗位有被机器人取代的风险。而"世界工厂"中国面临自动化"高度风险"的工作岗位比例为 77％——细思甚恐。

其实机器人自二战以后就发明了。但到现在机器人普及率只有 10％。美、德、日、韩是工业机器人大国，而它们的就业情况在发达国家中是最好的。2015 年，全球制造业机器人平均密度为 69 台/万人，韩国高达 531 台/万人，日本与德国则仅次于韩国分别为 305 台/万人和

301 台/万人。

当然也有研究认为，提高就业率和提高机器人普及率是并行不悖的。2005 年以来，中国工业机器人的销售量年增速保持在 25%，同期中国对工人的需求一直很紧迫。使用机器人，是为了和机器人合作。人有更好的计划和感知环境的能力，比机器人更为灵活，所以我们需要人和机器人互动，发挥各自所长。

由于阿尔法狗和其他人工智能项目的出色表现，很多人又开始恐惧智能机器人替代白领的可能性。2016 年 5 月，美国百大律师事务所之一、拥有约 900 名律师的 Baker & Hostetler 宣布启用机器人协助处理企业破产相关事务。这家律所启用的 AI 机器人 Ross 能阅读现有法律及文献，从中得出结论，解答特定案例的问题，能够给那些使用自然语言提问的人提供指导。日本寿险巨头 Fukoku Mutual Life Insurance 计划于 2017 年 1 月引入人工智能系统，以提高操作效率，为此将裁减近 30% 的保险理赔评估部门员工。

200 多年前，在刚发明蒸汽机和纺织机的英国，大批工人抱怨机器挤占了生路，于是加入卢德运动去捣毁机器。后来这样的想法叫"卢德谬误"：在生产中应用节省人力的技术会导致失业。与卢德谬误正相反，福特汽车公司一方面用流水线生产出更多汽车，一方面付给工人高工资以购买汽车(高工资换取的是高标准的劳动)。这也是典型的现代经济：自动化技术应用导致价格下降、需求上涨和就业增加。当然，200 年来的经验未必能适用于 21 世纪的人工智能运动。但我们仍然可以期望机器人在提高工作效率和产品质量、改善劳动安全状况时，也可以创造出更多高智力要求和高标准的工作岗位。传统岗位的确被大量替代，但新岗位之多，补充上来绰绰有余。何况不是每个岗位都需要机器人来提高效率。未来那些对效率敏感的工作岗位将会被机器人替代，对效率要求不高和有创造力需求的工作将依然由人来做。

机器人包揽一些标准化操作的同时，也减弱了社会对简单产品和低级服务的需求。机器人实际上是不断解放着人类，让我们把天赋智力在更自由的层面更加富于效率地发挥。当流水线上的家具很容易就买得起时，付给木匠的钱比以前却多多了。

"新故相推，日生不滞。"如果你能提供些并非千篇一律的高级玩意儿，2017 年你仍然可以愉快地上班。

2017 年 1 月 5 日

特朗普上台

2017年有一种风险，叫作"特朗普上台"。

1月4日，奥巴马出席了为他举行的欢送仪式，其间有一名士兵晕倒，不知是累的还是伤心的。1月20日，特朗普将宣誓入主白宫，正式开启为期4年的总统生涯。回想去年9月，奥巴马在接受CNN采访时表示如果特朗普当选他就拒绝离开，不禁有些唏嘘。

这次的美国大选，在互联网的催化下，竞选两方"撕"得相当激烈，各种八卦流言横飞。大选过后，本以为特朗普当选，尘埃落定，但他的政治主张、出其不意的行事风格，以及史上最有钱的内阁，将这位未来白宫的新主人屡屡推上风口浪尖，当然，他自己也喜欢成为焦点。

特朗普是商人出身，擅长做交易，崇拜强者(对普京有好感)，利益至上。在他的眼中，美国利益高于全球利益，国家观大于国际观。而且基于他经商的领域，特朗普更重视传统产业。他的这些风格和理念也体现在他的政策主张中：内政上收紧移民政策、下调公司税收、调整奥巴马医改法案、重振制造业、加强基础设施建设、增加军费等；外交上退出 TPP、改善与俄罗斯的关系等。

单从特朗普的政策主张看，并没有什么大问题。在美国，无论谁当选，美国的基本国策不变、大政方针不变，也就是在一些操作环节上稍微偏左一点或者偏右一点。目前市场对于特朗普的新政预期也较为积极，加之美联储加息，自特朗普当选以来，美元上涨并持续高位震荡。对于我们最关心的中美关系来说，机遇也大于挑战。首先，虽然美国会有贸易保护，但中国对美投资机会增加，领域包括制造业、基础设施等，而且总体上与商人谈生意要比与政客谈判干脆些；其次，TPP 计划的破产有助于我国在国际贸易问题上赢得时间和空间，"一带一路"将会迎来较为宽松的发展机遇；再次，以往美国的介入，使得我国与亚太周边国家的关系较为复杂，束缚了我国与亚太周边国家较为密切的经贸和外交往来，而特朗普上台后将主要精力用于应对美国国内挑战，有利于我国获得比以往宽松的国际政治环境。

既然如此，为何还将特朗普上台视为风险呢？笔者认为，不确定性主要来自美国国内精英阶层的反对。政策的离心力太大，可能会遇到阻碍，使实施效果大打折扣，扰乱市场预期。至于精英阶层有多么不待见特朗普，举个最近的例子，在 1 月 7 日一年一度的美国经济协会会议上，不少经济学家和诺贝尔经济学奖得主发表了各种对这位房地产大亨总统的意见，认为其税收政策和财政开支可能会导致预算赤字，甚至有人直接批判特朗普经济学是垃圾。

根据美国的政治制度，总统由普选产生，仅是行政分支首脑，拥有行政权力，所有立法都须经美国国会的参、众两院通过。也就是说，特朗普最大的阻力就是要看国会脸色。虽然目前共和党已经成为参议院和众议院多数党，但参议院少数党可以行使议事阻碍程序，利用否决权推迟或阻止法案通过。

其实，每次的美国大选，就像一次季节交替，穿羽绒服的人和穿短袖的人互相看不顺眼。但这都是暂时的，等换季一过，必然统一。也许到了 2018 年，今天所说的这些就算不上是风险了。不过，局座张召忠有句话令人印象深刻，他说如果特朗普执政八年，肯定是第一个把美国经济从世界老大带入世界老二的美国总统。这也是风险吧，还有，老大会是谁呢？

2017 年 1 月 12 日

It is not, but it can be

每一次离别都是为了下一次更美好的相遇。陪伴了大家近三年的"真言高见"栏目到了离别的时刻,而新的栏目将在鸡年唱响。不过,"真言高见"并不会消失,未来仍将出现在报纸的各个角落。

再见,奥巴马。上周,全美第一段子手奥巴马同学在芝加哥发表了告别演讲,曾经意气风发的黑发小伙,如今也变得满头白发。台上数次哽咽,台下数次高喊"再来四年",无论功过是非,这都是不错的结语。

你好,特朗普。明天特朗普就要上任,很多美国人欢欣鼓舞,很多美国人撕心裂肺。好商人特朗普能不能成为好总统,让我们拭目以待。无论他是"装疯卖傻"还是"大智若愚",无论他将重现美国辉煌还是将美国带向毁灭,特朗普都将成为美国历史上特殊的一位——最具不确定性的总统。

再见,欧盟。本周,英国首相特蕾莎·梅发表脱欧事宜讲话,明确"脱欧路线图":英国不会"半留半走",而会明确脱离欧洲共同市场,拿回对边界的控制权,并控制进入英国的欧洲移民人数——英国要与欧盟建立一种"新的平等关系"。不知"梅姨"是不是第二个撒切尔夫人,但确实有着英国人骄傲的风骨。

你好,英国。英国脱欧,又一大不确定性,将可能造成英镑和欧元大幅贬值、金融市场持续动荡,资金势必加速流向美国,包括人民币在内的各国货币也将承受更大的贬值压力。但有趣的是,脱欧公投后,中资英国并购同比增长 37.5%——黑天鹅有时候也是美丽的。脱欧公投后,英国表现出走近中国的意愿,而"硬脱欧"会让英国进一步向中国靠拢,加强与中国的政治及经贸合作,无论是赴英投资还是双边贸易,都可能迎来特别的机会。

再见,华润。你好,王石。上周,"宝万之争"似乎临近大结局。华润将股权悉数转让给深圳地铁;深圳地铁成为万科第二大股东;恒大表态无意继续收购万科股份,并将所持万科股份列为可供出售金融资产;第一大股东宝能在遭遇保监会重罚、被切断最重要的资金来源万能险之后,也自称为上市公司的"财务投资者"。"宝万之争"一再反转,王石从"用情怀战斗"到"出局"再到"笑到最后",万科股权大战以令人意外的方式转瞬进入尾声,虽然终点还没到来,但一切已可想象。所以,过程无论再曲折,坚持、坚定、坚守,找准突破口,也许就能笑到最后。

再见,小燕子。你好,投资人赵薇。因"小燕子"家喻户晓的赵薇,似乎因戴立忍事件放缓了导演之路,却让自己投资人的光环越发凸显。最近,赵薇用 30 亿元收购上市公司万家文化,而实际仅出资 6000 万元,杠杆达到了惊人的 50 倍。如果类比"宝万之争"的话，这一举动恐怕更像是"宝能系"的打法。宝能的泪水还没有擦干，被监管层连番问询的"小燕子"，算盘不知还能不能打响。

我们时刻面临告别，也不断迎接新生。未来充满未知，谁说前方不是更好的开始？一直特别喜欢美剧《新闻编辑室》中的一句话："It is not, but it can be."现在的我们不是最好的，但总有一天会成为最好的——这或许才是面对变化的最好方式。

2017 年 1 月 19 日

后　记

本书原是《中国建投》报"真言高见"栏目的文章。起"真言高见"这个栏目名字的时候，我有一点小私心。因为是两人合作的栏目，不会出现作者的名字，于是就将老邹和我的名字编进了栏目名，想出了"真（征）言高（高）见"这个名字，还暗暗地抬高了一下栏目内容的价值。为了摆脱自我显摆的嫌疑，还告诉编辑千万不要说是我自己起的名字。于是，每当大家谈论起"真言高见"这个名字起得妙时，我的内心都一阵窃喜，面上却说："都是编辑水平高呀！"

没想到的是，这个栏目从 2014 年春节后一直写到了 2017 年春节前，"真言高见"就这样不知不觉陪伴了大家三年，中间还加入了新成员小祝。回头看看，我们用一周一篇的短文，记录了这三年来金融与投资市场上的大事小情。这些文章现在看看依然忍俊不禁，读起来兴趣盎然。其中，很多预测在现在得到了验证，也有很多事件发生了翻天覆地的变化，三年过去了，不变的唯有变化。

我们将书名定为《东单耕录：2014~2017 年资本市场见闻》，以记录这三年来，在东单一隅笔耕不辍的努力。希望拿起这本书的读者，可以从这些大大小小的金融与投资事件中体会到快乐，莞尔一笑。希望这能成为一本有趣的书，一本有意义的书，让您也爱上金融，爱上投资。

每一次离别都是为了下一次更美好的相遇。敬请期待，更好的我们。

图书在版编目(CIP)数据

东单耕录:2014~2017年资本市场见闻/高彦如,邹继征,祝妍雯著.--北京:社会科学文献出版社,2017.8
(中国建投研究丛书)
ISBN 978-7-5201-1150-8

Ⅰ.①东… Ⅱ.①高… ②邹… ③祝… Ⅲ.①资本市场-中国-2014-2017-文集 Ⅳ.①F832.5-53

中国版本图书馆 CIP 数据核字(2017)第 176922 号

·中国建投研究丛书·

东单耕录:2014~2017年资本市场见闻

著　　者／高彦如　邹继征　祝妍雯

出 版 人／谢寿光
项目统筹／王婧怡　许秀江
责任编辑／恽　薇　孔庆梅

出　　版／社会科学文献出版社·经济与管理分社(010)59367226
　　　　　　地址:北京市北三环中路甲29号院华龙大厦　邮编:100029
　　　　　　网址:www.ssap.com.cn
发　　行／市场营销中心(010)59367081　59367018
印　　装／三河市尚艺印装有限公司

规　　格／开　本:787mm×1092mm　1/16
　　　　　　印　张:22.25　字　数:230千字
版　　次／2017年8月第1版　2017年8月第1次印刷
书　　号／ISBN 978-7-5201-1150-8
定　　价／79.00元

本书如有印装质量问题,请与读者服务中心(010-59367028)联系

版权所有 翻印必究